ÉPIGRAPHIE INDIGÈNE

DU

MUSÉE ARCHÉOLOGIQUE D'ALGER

SUIVIE

D'UN MUSÉE MURAL A ALGER

PAR

Albert DEVOULX

CORRESPONDANT DU MINISTÈRE DE L'INSTRUCTION PUBLIQUE
POUR LES TRAVAUX HISTORIQUES

ALGER
TYPOGRAPHIE ET LITHOGRAPHIE A. JOURDAN

1874

INVENTAIRE général des archives du Consulat général de France à Alger.

GRAND DICTIONNAIRE FRANÇAIS-ARABE, contenant tous les mots (avec les voyelles) de l'idiôme littéral et des dialectes parlés en Algérie. 2 vol grand in-8° de 1,200 pages, sur 2 colonnes.

DICTIONNAIRE ARABE-FRANÇAIS, contenant les mots les plus usités de l'idiôme littéral (avec les voyelles), et tous les mots des dialectes parlés dans les diverses parties de l'Algérie, avec les pluriels, le féminin, l'indication du genre, etc. Un vol grand in-8° de 1,600 pages, environ, sur 2 colonnes.

3° OUVRAGES EN PRÉPARATION

L'ODJACK D'ALGER, étude sur l'organisation politique et militaire de la Régence d'Alger, accompagnée d'environ 500 documents inédits et authentiques.

EL MEKHAZENIYA, étude sur l'organisation administrative et judiciaire de la Régence d'Alger, accompagnée d'environ 400 documents inédits.

LES CHEFS DE LA RÉGENCE D'ALGER, essai de chronologie des pachas, agas, deys et pachas-deys d'Alger, avec documents, renseignements et fac-simile de cachets.

LA CHRÉTIENTÉ DEVANT LA RÉGENCE D'ALGER, notice sur les tributs payés, à Alger, par diverses puissances européennes.

GLANURES HISTORIQUES, recueil de documents inédits concernant l'histoire intérieure d'Alger, avec notes et éclaircissements.

CHRESTOMATHIE HISTORIQUE, recueil de documents inédits relatifs à l'histoire extérieure d'Alger; avec notes et éclaircissements.

LE REGISTRE DES ESCLAVES CHRÉTIENS, traduction d'un document inédit et authentique, concernant la vente des chrétiens capturés par les corsaires algériens.

LES RAIS ALGÉRIENS, notice sur les plus célèbres corsaires d'Alger.

TABLETTES ALGÉRIENNES, recueil de renseignements historiques concernant les relations de la Régence d'Alger avec l'Egypte et les Régences de Tunis et de Tripoli.

VENT-DANS-LES-ROSEAUX, notice sur une célèbre courtisane algérienne.

HISTOIRE D'ALGER.

Monsieur Delisle
membre de l'Institut
Hommage empressé
A. Devoulx

ÉPIGRAPHIE INDIGÈNE

DU

MUSÉE ARCHÉOLOGIQUE D'ALGER

SUIVIE

D'UN MUSÉE MURAL A ALGER

PAR

ALBERT DEVOULX

CORRESPONDANT DU MINISTÈRE DE L'INSTRUCTION PUBLIQUE
POUR LES TRAVAUX HISTORIQUES

ALGER
TYPOGRAPHIE ET LITHOGRAPHIE A. JOURDAN

1874

ÉPIGRAPHIE INDIGÈNE

DU

MUSÉE ARCHÉOLOGIQUE D'ALGER

Pendant la période turque, il a été d'un usage presque sans exception de placer une inscription sur toute nouvelle bâtisse offrant un caractère de piété ou d'utilité générale. Ces inscriptions rappelaient la date de la construction et le nom, soit du fondateur, *si la fondation était dûe à l'initiative privée*, cas le plus fréquent pour les mosquées et les divers édifices du culte, les fontaines, les puits et autres créations charitables ; soit du Pacha qui avait ordonné les travaux, lorsqu'il s'agissait de forts, de batteries, de casernes, de ponts et autres entreprises que les particuliers ne pouvaient aborder ; soit, enfin, mais exceptionnellement, de *l'architecte, ou, pour mieux dire, du maçon qui avait* dirigé la construction. Cette coutume, qu'elle ait été dictée par la reconnaissance ou par une excusable vanité, présentait, au point de vue historique, un grand avantage dont nous pouvions profiter. Il y avait, en outre une abondante récolte épigraphique à faire dans les immenses cimetières qui entouraient la ville. Dans l'intérêt de l'histoire et de la topographie locale, nous aurions dû recueillir soigneusement les inscriptions des édifices que nous démolissions, et les épitaphes des tombes que nous détruisions, pour accomplir notre œuvre de transformation. Il n'en a malheureusement rien été, et nous avons fait preuve, en cette matière, il faut bien l'avouer, d'une déplorable négligence. Une quantité considérable de plaques intéressantes ont été détruites ou employées comme matériaux, par incurie ou par cupidité. Le Musée archéologique, créé seulement en 1838, n'a réussi à recueillir, par achat ou abandon volontaire, qu'un petit nombre de ces précieuses épaves. La création de cet utile établissement n'a pu, d'ailleurs, empêcher de nouveaux actes de vandalisme de se produire dans l'enceinte même de la ville d'Alger. On n'ose penser à ce qui se passe dans les ruines romaines qui gisent isolées dans les champs, loin du regard ami des personnes qui s'intéressent aux vestiges des siècles écoulés.

Les Algériens gravaient leurs épigraphes sur des plaques qu'ils taillaient presque toujours dans le marbre. L'ardoise n'était employée que pour les épitaphes et seulement lorsqu'il s'agissait de gens obscurs ou peu fortunés. On avait recours à deux méthodes pour graver les inscriptions, après qu'un calligraphe les avaient tracées sur celles des faces des tablettes qu'on avait polies et préparées pour les recevoir. Dans le premier cas, on creusait la pierre tout autour de l'écriture, de façon à ce que les caractères formassent un relief plus ou moins prononcé. Dans le second système, on creusait d'abord les lettres, en établissant de distance en distance des petits trous au fond de la concavité; puis on remplissait les creux avec du plomb, lequel trouvait un point d'appui en s'enfonçant dans les petits trous; enfin, on égalisait le plomb de manière à ce qu'il ne formât pas de saillie sur la plaque, laquelle offrait ainsi une surface parfaitement unie. De loin, l'écriture semble peinte en noir sur le marbre, et elle est bien plus facile à lire que lorsqu'elle se détache en relief, car dans ce dernier cas, l'uniformité de la teinte nuit à la lecture. Mais ce système se prête difficilement à l'estampage, et il est généralement impossible d'obtenir une épreuve suffisante avec la mine de plomb et le papier calque, seul moyen à essayer en pareille circonstance. Les deux méthodes que je viens de décrire ont été employées concurremment pendant la période turque, en sorte qu'à défaut de date précise, il est impossible de puiser une indication chronologique dans la préférence accordée à l'une d'elles. Toutefois, j'ai cru remarquer que les caractères remplis de plomb ont été plus en faveur au commencement et à la fin de la domination ottomane. Les bien rares épigraphes antérieures aux Turcs, qui sont parvenues jusqu'à nous, appartiennent au premier système, mais le relief est très-faible et l'exécution laisse beaucoup à désirer. Je dois aussi mentionner une troisième méthode — qui semble empruntée aux inscriptions romaines, — laquelle consistait à creuser faiblement les lettres et à rendre les caractères plus apparents en les revêtant d'une peinture rouge. Je n'en connais que trois exemplaires, dont un paraît appartenir aux derniers jours de la période berbère (n° 86 du catalogue); le second date des premiers moments de la domination turque (n° 11 du catalogue); quant au troisième, il ne contient aucune indication chronologique.

L'épigraphie indigène n'offre pas d'abréviations; c'est là une grande difficulté de moins. D'un autre côté, la forme particulière qu'affectent la plupart des lettres lorsqu'elles sont finales, facilite la lecture. Mais ces avantages sont compensés par une fantaisie graphique qui ne manque pas de gravité, et qui ajoute beaucoup à l'obscurité de la langue arabe. Souvent les mots ne sont pas à la place qu'ils doivent occuper dans la phrase ou — licence encore plus gênante, — les lettres composant un même mot sont dispersées, le tout pour tirer le meilleur parti possible d'un cadre trop restreint, ou simplement pour produire un meilleur effet au point de vue de la calligraphie, du dessin. De plus, les exigences de la prose rimée amènent fréquemment l'emploi d'expressions peu appropriées au sujet, et qui ne font qu'altérer le sens et rendre encore plus obscur un style prétentieux, ampoulé, boursouflé, dans lequel ne règne pas toujours une logique rigoureuse. Quelques-unes de ces inscriptions sont si mal rédigées ou si mal exécutées, que les indigènes les plus versés dans ce genre de difficultés, avouent leur impuissance à les comprendre.

Le Musée archéologique d'Alger ne comprend que 102 inscriptions indigènes, dont 76 arabes et 26 turques, que je vais publier en suivant le numéro d'ordre qu'elles portent sur le catalogue de cet établissement. Ces inscriptions sont inédites pour la plupart (1), le *Livret explicatif* de Berbrugger (2) n'en offrant ni le texte ni la traduction, et se bornant à donner quelques indications souvent incomplètes et parfois à modifier.

N° 1. Grande et belle inscription turque, dont les lettres, appartenant au type oriental, sont gravées en creux rempli de plomb, sur une plaque de marbre blanc, encadrée d'arabesques et mesurant 0m81 de hauteur sur 1m85 de largeur (3).

(*Alger*, par M. Albert Devoulx ; f° 79, recto, du manuscrit).

(*Livret explicatif*, page 135 : inscription turque sur une tablette de marbre blanc, hauteur, 0 m. 85 c., largeur, 1 m. 85 c. Lettres en plomb, encadrement d'arabesques ; mention d'*Hossaïn-Pacha* ; provient, dit-on, de Djama-Siida. Remis en mars 1842 par M. le Colonel Directeur du Génie.)

ما شا الله سبحان الله مظفر قلسون متين * اهل اسلامه قوندر
شاد اولسون روى زمين
اسلامده بر قرار اولسون قهر اولسون اعداء دين * اوچلر يديلر
وقرقلر دستكير اولسون همين
بانيسين بر مراد اتسون خلاق للعالمين * بانيسى حسين پاشا
حافظى رب الامين
الله عدد دن بر يدر معدود قلمويك غريب * تاريخيدر نصر
من الله وفتح قريب

(1) Sauf deux ou trois exceptions, les seules publications que je connaisse, sont celles que j'ai faites : 1° dans le *Moniteur de l'Algérie*, à l'occasion de mon travail sur les fortifications turques d'Alger ; 2° dans mon travail sur les édifices religieux de l'ancien Alger. J'ai compris dans mon travail intitulé *Alger*, celles des inscriptions du Musée qui proviennent des fortifications, des édifices publics, des fontaines, etc. Mais cet ouvrage, qui a eu l'honneur d'être couronné au concours d'archéologie du ressort académique d'Alger, en 1870, est encore inédit.

(2) Alger, *Bastide*, 1861 ; un vol. in-16. Prix : 2 fr.

(3) J'appelle *largeur* la partie de la surface qui est mesurée parallèlement aux lignes d'écriture.

Je traduis comme il suit, d'après feu Mohammed ben Otsman Khodja (1).

Que la volonté de Dieu s'accomplisse. Que la grandeur de Dieu soit proclamée ! (Cet édifice) victorieux et solide sera, .·. pour les peuples de l'Islam une force par laquelle se réjouira la surface de la terre ;

Et l'Islam, dans la sécurité, sera vainqueur des ennemis de la religion, .·. assisté des Trois, des Sept et des Quarante, en personne (2).

Que le Créateur de l'univers exauce les vœux de son constructeur. .·. Il a été bâti par Hossaïn-Pacha, que Dieu, le digne de confiance, le conserve !

Dieu est au-dessus de toute supputation ; la pluralité de son existence serait donc bien étrange ! (3). .·. Sa date (est) *une assistance émanant de Dieu et une victoire prochaine.*

Le chronogramme qui a la prétention de remplacer la date, ne nous est pas d'une grande utilité, car il est incontestablement fautif. En effet, l'addition des lettres composant la phrase indiquée comme ayant une valeur chronologique, donne un total de 1302, ce qui est un résultat inadmissible, puisqu'en ce moment l'hère hégirienne ne compte encore que 1289 années.

Ainsi qu'on a pu le voir dans l'extrait textuel que j'ai donné du *Livret explicatif*, Berbrugger avance, en termes dubitatifs, il est vrai, que l'inscription dont je m'occupe, provient de la mosquée dite Djama Siida, démolie en 1832 et dont l'emplacement correspond à peu prés à la place des *bambous*, devant l'hôtel de la Régence. Nous nous trouvons ici en présence d'une

(1) En ce qui concerne les inscriptions turques, Mohamed ben Otsman Khodja, aujourd'hui décédé, les a traduites en arabe, et c'est cette version arabe que j'ai traduite moi-même en français. Ce système de double traduction laisse sans doute beaucoup à désirer, mais je n'avais pas le choix des moyens.

(2) Il s'agit des êtres surnaturels du mysticisme musulman.

(3) Ceci est une attestation de l'unité de Dieu. Elle est à l'adresse des chrétiens, que les musulmans accusent de polythéisme à cause du dogme de la Trinité.

difficulté que nous ne rencontrerons que trop souvent. La plupart des inscriptions composant la section indigène du Musée, n'ont été vendues, données ou remises à cet établissement que longtemps après leur déplacement, en sorte que personne ne pouvait fournir de renseignements sur leur provenance. Cette circonstance regrettable laisse planer sur l'origine de plusieurs épigraphes arabes ou turques, une obscurité qu'il sera probablement impossible de jamais dissiper.

Dans le cas présent, je ne puis adopter la version dont Berbrugger s'est fait l'éditeur sous toutes réserves. D'un côté, il est certain que Hossaïn-Pacha, le dernier dey d'Alger, n'a fait exécuter aucuns travaux dans la mosquée dite *Djma Sïida* (1). D'un autre côté, il est facile de se convaincre par l'examen de l'inscription en litige, qu'elle se rapporte, non à une mosquée quelconque, mais bien à un fort. Son style n'est nullement celui qu'on employait d'ordinaire pour les mosquées. Rien ne rappelle un lieu de prière et de dévotion, un édifice consacré à Dieu. Bien que la destination du local ne soit pas explicitement indiquée, il me semble qu'un lieu *solide* et *victorieux*, qui contribue à la puissance de l'islamisme et qui doit servir à remporter des victoires sur les ennemis de la religion, ne saurait être autre chose qu'une batterie. Les formules employées doivent, à mon avis, lever tous les doutes.

Après avoir rejeté sans hésitation l'attribution proposée par le *Livret explicatif*, j'ai attentivement recherché auquel des forts d'Alger l'inscription n° 1 pouvait avoir appartenu. Les fortifications élevées par Hossaïn-Pacha, à ma connaissance du moins, sont encore debout et munies de leurs plaques, à l'exception du fort dit *bordj bab el-behar* (le fort de la mer), lequel a été démoli il y a quelques années après avoir subi plusieurs modifications successives. Ce fort, sis tout près de la mosquée de la Pêcherie (djama el-djedid), avait deux portes, — munies chacune d'une inscription, — l'une s'ouvrant sur la petite plage des pêcheurs, où donnait la porte dite *bab el-behar* (la porte de la mer), qui

(1) Pour cette mosquée, voir chapitre XLIX, page 152 de mes *Edifices religieux de l'ancien Alger.*

faisait communiquer la ville et le rivage au moyen d'un long couloir voûté, en pente rapide, passant sous la mosquée; l'autre, établissant une communication entre l'intérieur de la ville et le premier étage du fort. Une circonstance des plus heureuses m'a permis de prendre copie de l'une de ces inscriptions, qu'une spéculation bizarre a, je le crains bien, enlevée pour toujours à l'examen des travailleurs algériens. Je crois pouvoir affirmer que la seconde est celle qui porte aujourd'hui le n° 1 du catalogue du musée public d'Alger.

Vers la fin du XVIe siècle, on construisait les navires dans l'endroit que je viens de désigner, ce qui est aujourd'hui entièrement ignoré des indigènes. Une partie de cet ancien arsenal a été absorbée par la construction d'un fort que Hossaïn-Pacha établit pour empêcher les flottes ennemies de tourner les défenses du port et de les prendre à revers, comme le fit lord Exmouth, en 1816. Ce fort, qui se trouvait en dehors du port, avait deux étages de feux offrant un total de 36 pièces de gros calibre; et était commandé par un bache-tobdji (artilleur en chef) nommé à vie. Cet ouvrage, placé à 250 mètres de la batterie dite *tobbanet el-meurstan* (rue de la Flèche), et classé par nous sous le n° 4, en 1830, a dû remplacer une batterie beaucoup plus faible. Si la tradition n'est pas bien affirmative sur ce point, les doutes semblent levés par le témoignage du docteur Shaw, qui écrivait en 1732 : « A un demi stade à l'ouest sud-ouest du port, se trouve la batterie de la porte du poissonnier, ou bab el-behar, c'est-à-dire la porte de la mer. Cette batterie consiste en un double rang de canons et commande l'entrée du port et la rade. »

Depuis quelques années, le fort bab el-behar et les alentours sont ensevelis sous les voûtes élevées pour l'établissement du boulevard et l'agrandissement de la place du Gouvernement.

N° 2. Inscription arabe, dont les lettres, appartenant au type oriental et d'une exécution médiocre, sont gravées en relief sur une plaque de marbre mesurant 0m50 sur 0m50, et encadrée d'arabesques. Toutes les lettres se touchent de haut en bas, de manière à ne pas laisser d'interlignes, et l'écriture ne suit pas une direction horizontale. Cependant, on distingue aisément sept lignes plus ou moins tortueuses. L'angle supérieur de la plaque, à gauche, a été cassé et manque.

(*Les édifices religieux de l'ancien Alger*, par M. Albert Devoulx, p. 89. — *Alger*, par M. Albert Devoulx, f° 219, verso, du manuscrit).

(*Livret explicatif*, page 130 : Inscription arabe en relief, sur une tablette de marbre blanc de 9m50 sur 0m50. Bordure en arabesques Les caractères ne suivent pas de ligne d'écriture régulière et remontent ou descendent, selon le caprice du lapicide. Date en toutes lettres, 1005. Date en chiffres, 1105 (1693 de J.-C.), qui est la véritable. Cette épigraphe rappelle l'érection d'une mosquée de 2e ordre (mesdjid) par Chaban-Dey ; sans doute la mosquée de Bab-Dzéra, au coin des rues des Consuls et de la Marine. Remis en mars 1842 par M. le capitaine du génie Champanhet.

لا اله الا الله الملك الحق المبين. . . .
محمد رسول الله صادق الوعد الامين. . . .
هذا المسجد لوجه الله العظيم المتوكل . . .
العلامة الناسك لبيت الله الحرام الحاجى شعبان
داى بقاء الدولة بمحروسة الجزاير المحمية بالله
وفى شهر صفر الخير سنة ١١٠٥ خمس ومائة والف
بعد الهجرة النبوية عليه الافضل التحية

Je traduis ainsi :

Il n'y a d'autre dieu que Dieu, le souverain, la vérité évidente......

Mohammed est l'envoyé de Dieu ; ses promesses sont sincères ; il est digne de confiance......

(A fait construire) cette mosquée pour plaire à Dieu l'incommensurable, celui qui se confie (en Dieu).....,

Le très-docte, le visiteur de la maison sacrée de Dieu, le hadji Chaban,

Dey de la durée de la royauté dans la (ville) bien gardée d'Alger, protégée par Dieu ;

Dans l'excellent mois de safar de l'année 1105, mil cent cinq. Après l'émigration (hégire) du Prophète, sur qui soit la meilleure des grâces divines.

Cette inscription provient de la mosquée qui s'élevait jadis à l'angle des rues de la Marine et des Consuls, et qui fait l'objet du chapitre XXXIV de mes *Edifices religieux de l'ancien Alger* (pages 88 et suivantes du tirage à part), ouvrage auquel je me bornerai à renvoyer, afin de ne pas répéter des détails qui ont déjà paru dans cette revue. Je rappellerai seulement que le Dey El-Hadj Chaban, élu en 1100 et étranglé en 1106, appartenait au corps des *Khodja* ou lettrés turcs, ce qui explique la qualification de très-docte, que lui décerne le rédacteur de l'inscription.

C'est par erreur que Berbrugger qualifie de *mosquée de 2e ordre* l'édifice dont il s'agit, lequel était réellement une mosquée de premier ordre, puisqu'il avait un minaret et qu'on y prononçait la khotba le vendredi. Il se trompe également en avançant que la date en lettres et celle en chiffres sont en désaccord d'un siècle. Le mot cent (ماية) est parfaitement reconnaissable, bien qu'un peu fruste, et sa lecture n'offre aucune incertitude. Quant au mois de safar 1105, date de cette inscription, il a commencé le 3 octobre 1693 et fini le 30 du même mois.

No 3. Inscription turque en relief ; bon type oriental, bien exécuté ; plaque en marbre, mesurant 0m38 de hauteur sur 0m52 de largeur.

(*Alger*, par M. Albert Devoulx, fo 144, recto du manuscrit).

(*Livret explicatif*, p. 132 : Dédicace datée de 1174 (1760), sur tablette de marbre, de 0m37 sur 0m52. Le pacha Ali y est nommé. Paraît provenir d'une fontaine ; a été remis le 2 avril 1842, par le service des Fontaines).

بوچشمة نكك بناسينة على باشا ايدوب همتا

شكرلركلدى تاريخى محلّ نعمت جميل جنّت

سنة اربعة وسبعون وماية والف

Je traduis ainsi, d'après feu Mohammed ben Otsman Khodja :

Par les soins d'Alî-Pacha, a été bâtie cette fontaine.
Dieu soit loué que sa date se trouve dans (ces mots) : ceci est un lieu charmant qui fait partie des délices du Paradis.
Année mil cent soixante-quatorze.

Le chronogramme renfermé dans la seconde ligne et que la troisième ligne rend superflu, se trouve exact, ce qui est une exception à noter. L'année 1174, si surabondamment indiquée, a commencé le 13 août 1760 et fini le 1er août 1761. Les réserves derrière lesquelles Berbrugger a cru devoir se retrancher au sujet de la provenance de cette plaque, étaient inutiles, puisque les termes mêmes du texte levaient tous les doutes. Les recherches que j'ai effectuées à l'occasion de mon travail sur la topographie de l'Alger turc, m'ont donné la certitude que cette fontaine était située dans la rue Médée, à la hauteur de la rue de la *Lyre* actuelle. Il ne faudrait pas croire que l'intervention d'un pacha indiquât une œuvre monumentale ; sauf deux ou trois jets d'eau, les fontaines des Algériens étaient établies dans l'un des gros murs d'une maison ou d'un local quelconque, et présentaient une très-grande simplicité d'architecture et d'ornementation. Celle qui nous occupe ne faisait pas exception. Mais dans un pays où la sécheresse est si persistante pendant une grande partie de l'année, on accueillait avec reconnaissance tous les travaux, si peu artistiques qu'ils fussent, qui avaient pour objet d'améliorer l'alimentation de la ville. Un pacha ne dédaignait donc pas d'attacher son nom à une fontaine laide et humble, mais fort utile pour les habitants du quartier. Ali-Pacha venait, d'ailleurs, d'embellir ce point de la ville en bâtissant une mosquée et en reconstruisant la caserne aujourd'hui connue sous le nom de *Médée-Supérieure*. Il aura voulu compléter ces travaux en mettant de l'eau à la portée des maisons voisines. Mais la reconnaissance publique lui a fait défaut, car la fontaine dûe à ses soins était appelée *Aïn Sidi el-Akehal*, du nom d'un marabout très-ancien dont la chapelle avait été englobée dans la mosquée dont je viens de parler.

N° 4. Epitaphe arabe en cinq lignes, gravée en relief; beau type oriental, très-bien exécuté; stèle en marbre blanc, avec bordure et sculpture; largeur: 0m33; hauteur (de la partie écrite): 0m54. (Cette inscription est inédite).

(*Livret explicatif*, page 133 : Stèle (mechahad) de Fatma ben Amina bent Abdi-Pacha, à la date de 1182 (1768). Caractères en relief. Donné, ainsi que le n° 5, par M. Brasqui, en mai 1842).

هذا قبر المرحومة

الى رحمة الله واصلة

فاطمة بنت امينة بنت

عبدى پاشا رحمة الله

عليهم اجمعين سنة ١١٨٢

Ceci est le tombeau de celle à qui il a été fait miséricorde,
Qui est parvenue devant la miséricorde de Dieu;
Fatma, fille d'Amina, fille
D'Abdi-Pacha. Que la miséricorde de Dieu
Soit sur eux tous! Année 1182.

Les tombeaux des musulmans se composent, à Alger, de deux pierres, ordinairement plates et beaucoup plus hautes que larges, qu'on place perpendiculairement, l'une à la tête, l'autre aux pieds du défunt. Ces deux pierres, scellées debout aux deux extrémités de la tombe, s'arrondissent dans leur extrémité supérieure, en plein cintre ou en ogive, et sont surmontées quelquefois d'un croissant. On les appelle *mechahad* — au singulier *mechehed* (مشهد pl. مشاهد), — parce qu'elles contiennent la *chehada* (شهادة) ou profession de foi musulmane, c'est-à dire la formule par laquelle on déclare qu'il n'y a qu'un seul Dieu et que Mahomet est son prophète. Parfois, le mechehed affecte la forme d'une colonnette ronde, carrée ou octogone; dans ce cas, il est ordinairement surmonté d'un turban dont les plis varient, suivant la qualité du personnage inhumé. Le mechehed placé à la tête ne contient jamais que la profession de foi, des prières ou des formules religieuses. Les diverses indications relatives au trépassé sont mises sur le mechehed des pieds. On grave ces inscriptions sur la partie de la stèle qui regarde la tombe; l'autre face de la pierre offre, souvent, des sculptures dont des fleurs plus ou moins fantastiques forment le motif le plus ordinaire. Les deux mechahad sont reliés par deux cordons de pierres, peu saillants, appelés *djenabia* (partie latérale), et qui achèvent de dessiner le carré de la tombe. Ces djenabia, que de simples briques remplacent souvent, ne présentent qu'exceptionnellement des sculptures ou des inscriptions.

La stèle dont nous nous occupons est un mechehed des pieds, le plus important des deux puisque c'est celui qui donne le nom du défunt et la date du décès. Mais ici l'intérêt historique est bien faible, puisqu'il ne s'agit que de la petite-fille d'un pacha. L'année 1182, indiquée sur cette épitaphe, a commencé le 18 mai 1768 et fini le 6 mai 1769.

N° 4 bis. Inscription arabe en relief; quatre lignes; beau type oriental, très-bien gravé; stèle en marbre, largeur, 0m33, hauteur (de la partie écrite), 0m49. (Inédite).

لا اله الا الله
الملك الحق المبين
محمد رسول الله
صادق الوعد الامين

Il n'y a de dieu que Dieu,
Le Souverain, la Vérité évidente.
Mohammed est l'envoyé de Dieu ;
Il est sincère dans ses promesses et digne de confiance.

Cette stèle (de tête) ne porte aucun n° sur le catalogue du musée. Je lui ai donné le n° 4 bis, pour la distinguer de la précédente, à laquelle il convient de la réunir par le motif qu'elles proviennent de la même tombe, ainsi que le prouve l'identité des dimensions, de l'écriture, de la forme et de l'ornementation.

N° 5. Inscription arabe en relief; cinq lignes; beau type oriental, parfaitement exécuté; stèle en marbre; largeur 0m35, hauteur (de la partie écrite), 0m62; jolies sculptures. (Inédite).

(*Livret explicatif*, page 140 : stèle en marbre d'Arekia bent El-Hadj Ahmed ben Abd El-Letif. Datée de 1128 (1715). 1m07 sur 0m30. Caractères en relief; très-jolies arabesques (1).

كل ما سوى الله تعالى فانى

هذا قبر المرحومة المصونة

والدرة المغفورة المكنونة

(2) ارقية بنت المرحوم الحاج احمد

بن عبد اللطيف رحمة الله عليها سنة ١١٢٨

Tout ce qui n'est pas Dieu (qu'il soit exalté !) est périssable !

Ceci est le tombeau de la défunte qui avait été gardée avec soin,

De la perle tenue cachée et dérobée soigneusement aux regards (3),

Arkia, fille du défunt El-Hadj (4) Ahmed,

Fils d'Abd El-Latif. Que la miséricorde de Dieu soit sur elle ! Année 1128.

Cette épitaphe de jeune fille n'offre, on le voit, aucun intérêt historique. Mais elle constitue un fort beau spécimen de l'épigraphie funéraire des Algériens, et à ce titre, elle mérite bien de figurer dans les collections de notre musée. On trouvera ci-après l'autre stèle de cette tombe virginale qu'ont détruite les travaux exécutés pour la transformation des alentours de la ville. Quant

(1) Il résulte des renseignements placés par Berbrugger au n° 4, que le n° 5 a été donné au Musée par M. Brasqui, en mai 1842.

(2) Ce nom doit s'écrire رقية, *Rokia*.

(3) Ces qualificatifs indiquent qu'il s'agit d'une vierge.

(4) On sait que c'est le titre que prennent les musulmans qui ont accompli le pèlerinage de la Mecque et de Médine.

à l'année 1128, elle a commencé le 27 décembre 1715 et fini le 15 décembre 1716.

N° 5 bis. Inscription arabe en relief ; cinq lignes ; beau type oriental, parfaitement exécuté ; stèle en marbre ; mêmes dimensions que la précédente ; jolies sculptures. (Inédite).

هو الله الحيّ الدايم الباقي
لا اله الا الله محمّد رسول الله
سبحان من قهر العباد بالموت القاهرة
نسألك اللّهمّ يا ذا الجود الباهرة
ان تغفر ذنبها يوم يكون العيوب ظاهرة

Il est Dieu, le Vivant, l'Eternel, le Survivant.

Il n'y a de dieu que Dieu, Mohammed est l'envoyé de Dieu !

Que soit proclamée la louange de celui qui courbe les hommes sous la mort irrésistible !

Je te demande, ô mon Dieu, ô toi qui possèdes la bonté éclatante,

De pardonner ses péchés (1), le jour où les mauvaises actions seront apparentes.

Ce mechehed de tête appartient à la même tombe que le précédent, comme le prouve l'identité de l'écriture, de l'exécution, de la forme, des dimensions et de l'ornementation. Le catalogue du musée n'en fait pas mention. Je lui ai donné le n° 5 bis.

N° 6. Inscription turque, en relief, type oriental, médiocre ; cinq lignes ; tablette en marbre de 0m49 de largeur, sur 0m48 de hauteur. (Inédite).

(*Indications du livret*, p. 133. Inscription turque en relief, sur tablette de marbre de 0m50 sur 0m50, provenant d'une fontaine. Datée de 1180

(1) Les péchés d'elle. Le pronom indique qu'il s'agit d'une femme.

(1766) et portant la mention de Mohammed Pacha ben Osman. Remis en février 1843 par la Direction de l'intérieur.)

مفرّح خوش بنا قلمش بناسی مستدام السون

الهی روز محشرده یوزی اق روحی شان السون

الهی محمّد باشا صاحب خانه دائم سعید السون

کروب جنت سرایینه جهنمدن بعید السون

سنة ثمانون ومائة والف ١١٨٠

Je traduis ainsi, d'après une version arabe établie par feu Mohammed ben Otsman Khodja, auquel est également dûe la lecture ci-dessus (1).

Puissent être durables les constructions de cette bâtisse gaie et belle.

O mon Dieu ! au jour de la résurrection, blanchis son visage (2) et place haut son âme !

O mon Dieu ! fais que Mohammed Pacha, le constructeur de cette maison, sois toujours heureux ;

Donne-lui pour habitation un palais dans le Paradis, et place-le loin de l'enfer !

Année mil cent quatre-vingts. 1180.

L'absence de tout renseignement sur l'origine de cette plaque, ne permet pas de constater à quel édifice elle appartenait. Mais on peut, du moins, affirmer qu'il s'agissait d'une maison et non d'une fontaine comme le porte à tort le *Livret explicatif* du

---

(1) Je rappellerai de nouveau, mais pour la dernière fois, que pour les inscriptions turques, j'ai dû me contenter d'être l'éditeur de l'œuvre d'un collaborateur, qui répond seul de son travail. Quant aux inscriptions arabes, la responsabilité de la lecture et de la traduction m'incombe exclusivement. (Voir ma précédente note à ce sujet).

(2) *Le visage du constructeur*, c'est-à-dire : accorde-lui une gloire éclatante.

Musée. L'emploi du mot خانه dans l'inscription, ne laisse aucun doute à ce sujet. Quant à l'année hégirienne 1180, elle a commencé le 9 juin 1766 et fini le 29 mai 1767.

N° 7. Inscription arabe et turque, en relief; type oriental; médiocre; huit lignes; stèle en marbre, présentant une hauteur de 0m77 sur 0m26 de largeur, et surmontée d'un turban à petits plis. (Inédite).

(*Indications du livret*, p. 134. Stèle d'El-Hadj Ali Pacha ben Khelil, surmontée du turban à petits plis des oulema, et non de celui à larges plis des deys, ce souverain ayant été un savant. Le dernier chiffre de la date n'a pas été sculpté, parce qu'on s'est aperçu que celui qui le précédait était fautif. Il y a donc ١٢٢■ au lieu de ١٢٣٠, 1230 (1814.) — Donné le 12 mars 1843, par M. Marigot, marbrier.)

هو الباقى

مرحوم ومغفور

المحتاج الى رحمة

ربه الغفور

السيد الحاج على

پاشا ابن خليل

روحيچون فاتحة

سنة ■ ١٢٢

Il (Dieu) est le survivant! (1)
L'absous et pardonné,
Celui qui avait besoin de la miséricorde
De son souverain clément,
Le Seigneur El-Hadj Ali
Pacha, fils de Khelil.
Une *Fateha* pour son âme!
Année 122■.

(1) C'est-à-dire : Dieu survit à tout.

La *Fateha* est le premier chapitre du Coran, intitulé simplement *Fatihatou-l-Kitab :* (chapitre) qui ouvre, qui commence le livre. En voici le texte :

« Au nom de Dieu clément et miséricordieux.

« 1. Louange à Dieu, souverain de l'univers, 2. le clément, le miséricordieux, 3. souverain au jour de la rétribution. 4. C'est toi que nous adorons, c'est toi dont nous implorons le secours. 5. Dirige-nous dans le sentier droit, 6. dans le sentier de ceux que tu as comblés de tes bienfaits, 7. de ceux qui n'ont point encouru ta colère et qui ne s'égarent point. Amen. »

Réciter, à l'intention d'un mort, cette sourate, dont l'importance est grande et qui est fréquemment employée, est une œuvre des plus méritoires pour le fidèle qui l'accomplit et des plus profitables pour l'âme du défunt, en faveur de laquelle on fait ainsi un appel puissant à la bonté divine. Beaucoup de tombes musulmanes recommandent aux visiteurs de ne pas oublier cette récitation. De même nos lettres de faire-part et nos épitaphes emploient généralement la formule : *un De profundis !* afin de solliciter cette prière pour le trépassé.

El-Hadj Ali, précédemment *khodjet el-kheil*, ou écrivain des chevaux, fut élu pacha en 1809, en remplacement d'Ali Khodja, étranglé par ordre de la milice. Méfiant, violent et sanguinaire, il s'aliéna les sympathies de ses sujets par de nombreuses exécutions. Une guerre prolongée contre Tunis, dans laquelle les Algériens essuyèrent des revers sur terre, bien que leur marine eut remporté quelques avantages, contribua à le rendre impopulaire. A l'occasion de cette guerre, il s'était mis en rébellion ouverte contre le grand Sultan, qu'il bravait aussi en capturant les navires montés par des Grecs, bien que ces derniers fussent des sujets ottomans. La Turquie l'avait menacé d'une déclaration de guerre, et s'opposait au recrutement de la milice algérienne, ce qui affaiblissait considérablement l'effectif de cette dernière. El-Hadj Ali Pacha fut étranglé dans son bain, le 22 mars 1815, par un nègre, son serviteur favori, que les conjurés avaient gagné à leur cause, et qui fut ensuite mis à mort par le nouveau pacha, Mehammed, ancien kheznadji. Cette date correspond au

10 rebi' 2e 1230. Dans l'épitaphe, le chiffre des dixaines devait donc être un 3 et non un 2; l'erreur ayant été reconnue, mais trop tard, le chiffre des unités n'a pas été sculpté, moyen de rectification facile et économique, mais nullement efficace (1). Cette inscription, fautive et inachevée, ne serait d'aucun secours pour la chronologie des pachas, mais il s'agit heureusement d'une époque pour laquelle les documents abondent.

N° 8. Inscription arabe, en relief; type oriental; médiocre; sept lignes; stèle en marbre, ayant une forme ogivale dans sa partie supérieure; plus grande largeur : 0m29; hauteur (de la partie écrite) : 0m47. (Inédite).

(Indications du livret. Stèle d'Abdi Pacha, datée de 1145 (1732). Caractères en relief. Acheté le 16 mars 1844.)

هذا

قبر المرحوم بكرم الحىّ

القيوم عبدى پاشا رحمة

الله عليه قدس الله روحه

واسكنه من فسيح

جنانه بفضله وكرمه

١١٤٥

Ceci

est le tombeau de celui auquel a fait miséricorde le Vivant (2),

le Subsistant (1), Abdi Pacha, que la clémence

de Dieu soit sur lui ! Que Dieu purifie son âme

et lui donne un asile dans son resplendissant

paradis, par sa bonté et sa munificence.

1145.

---

(1) L'inscription étant gravée en relief, la bévue ne pouvait se réparer, et il aurait fallu tout recommencer.

(2) L'un des 99 attributs de Dieu.

L'année hégirienne 1145 a commencé le 24 juin 1732 et fini le 13 juin 1733. Abdi pacha, qui avait passé par tous les grades de la milice et rempli de hautes positions, fut élu pacha en 1724, à la suite de l'assassinat de Mehammed pacha. En 1731, Abdi, qui continuait les errements de ses prédécesseurs à l'égard des chrétiens et qui faisait même de l'opposition aux ordres du Grand-Turc, eut une altercation avec le nouveau consul de France, M. Delane, qui refusait de déposer son épée avant de se présenter devant lui. Notre consul fut rappelé. Les Espagnols s'emparèrent d'Oran en 1732 et cet échec aurait pu avoir des suites fâcheuses pour Abdi, car les janissaires n'aimaient pas les chefs malheureux. Mais ce pacha mourut de maladie, le 3 septembre de la même année, à l'âge de 71 ans.

Ce pacha, borgne de l'œil droit et d'esprit fort délié, avait fait construire une mosquée qui porta son nom jusqu'en 1871, époque où elle fut démolie par nous pour l'établissement du boulevard militaire du Nord.

N° 9. Inscription turque; relief; bon type oriental; bonne exécution; deux lignes; plaque en marbre, largeur 0m47, hauteur 0m27. (*Alger* de M. Albert Devoulx, f° 188, v°, du manuscrit).

(*Indications du Livret.* Inscription en relief de 0m28 sur 0m45, provenant de la caserne Médée. Atchi Hassan Ouda Bachi. 1205 (1790).

بیک اسکیبون بشده تاریخنی تحریر ایلدی

عشجی حسین اوده یاسنی بیدی تعمیر ایدی

سنة ١٢٠٥

Je traduis ainsi une traduction faite en arabe par feu Mohammed ben Otsman Khodja :

En l'an mil deux cent cinq, a été inscrite la date
des travaux effectués par Ahtchi Hossaïn dans sa chambre.
Année 1205.

L'année hégirienne 1205, a commencé le 10 septembre 1790 et fini le 30 août 1791 de J.-C. Cette inscription conservait le souvenir d'embellissements exécutés dans une chambre de caserne, par le cuisinier Hossain (et non Hassan), lequel n'avait pas le grade d'oda bachi, comme le prétend le Livret. D'après les renseignements que j'ai recueillis, cette plaque proviendrait de la caserne dite *dar el ankchaïrya el-Kodima* (la vieille maison des janissaires), sise rue Médée.

N° 10. Stèle ne portant aucune inscription.

(*Indications du Livret.* Stèle en marbre. Très-jolies arabesques en relief. Donné le 30 avril 1843).

N° 11. Inscription arabe; creux léger dans lequel on n'avait évidemment pas l'intention de couler du plomb et offrant des traces de peinture rouge; type barbaresque avec fioritures; sept lignes; stèle en marbre offrant la forme ogivale dans la partie supérieure, qui contient l'inscription; la partie écrite mesure 0m53 de hauteur et 0m43 dans la plus grande largeur. (Inédite).

(*Indications du Livret.* Les deux stèles en marbre de Hassan aga, khelifa de Kheir-Eddin et défenseur d'Alger contre Charles-Quint, en 1541. On remarquera que le titre de pacha ne lui est point donné dans son épitaphe. Caractères creux paraissant avoir été jadis remplis de plomb ou destinés à l'être (1). Joli type d'écriture andalouse. Daté de 952 de l'hégire (1545 de J.-C.). Acheté le 1er janvier 1846, à M. Burtin, marbrier).

لا ملك الا لصاحب الملك الحمد لله

هذا قبر الخليفة المرحوم

بكرم الله ابو محمد حسن اغه

مملوك مولانا خير الدين ايده

الله ونصره توفي ليلة

الاربعا العاشرمن

رمضان عام ٩٦٢ (2)

---

(1) Je ne partage pas l'avis de Berbrugger.

(2) Ces chiffres appartiennent à la série n° 3 du tableau que j'ai publié dans le précédent numéro (N° 96).

Il n'y a de pouvoir qu'en celui auquel appartient la Puissance (Dieu). Louange à Dieu !

Ceci est le tombeau du khelifa auquel il a été fait miséricorde par la bonté de Dieu, *Abou Mohammed* Hassan ar'a, esclave de notre maître Kheir-Eddin, que l'assiste Dieu et qu'il le fasse triompher ; il est décédé dans la nuit du mercredi, le dixième (jour) de Ramdan de l'année 952.

Cette inscription, — la plus ancienne de la période turque, — offre une grande importance, car elle fixe la date de la mort de l'eunuque Hassan, qui commandait Alger en l'absence du célèbre Kheir-Eddin, — *nommé capitan-pacha ou amiral de la flotte turque*, — et qui eut la gloire, pendant cet intérim, de repousser, avec la puissante assistance de la tempête, la formidable attaque commandée par l'empereur Charles-Quint. J'ai déjà établi dans la *Revue africaine* (tome 8, page 290), que l'indication du jour de la semaine permet de constater qu'il s'agit en réalité, dans l'épitaphe ci-dessus, du mercredi 13 ramdan, — et non 10, — de l'année 952, lequel correspond au 18 novembre 1545. J'ai également fait ressortir l'erreur commise par l'historien espagnol Haëdo, qui place le décès de Hassan ara à la fin de septembre 1543. Je ne reviendrai pas sur ce sujet et me contenterai de renvoyer le lecteur à l'article dont il s'agit. Le simple titre de *khelifa* (lieutenant, suppléant) est donné par cette épitaphe à Hassan ara qu'elle qualifie crûment d'esclave de Kheir-Eddin. Ce document officiel détruit donc les assertions de quelques auteurs indigènes et européens qui voulaient que ce personnage eut été investi de la dignité de pacha.

La stèle de tête de ce tombeau, reconnaissable parce qu'elle offre les mêmes dimensions et a la même forme inusitée que la précédente, ne contient aucune inscription ni aucune ornementation quelconque ; elle est en marbre blanc comme l'autre et complètement unie.

N° 12. Stèle sans inscription.

(*Indications du livret*, page 141). Petite stèle en marbre avec arabesques. Voir le n° 13.)

N° 13. Inscription turque en relief; type oriental; médiocre; les lignes montent et sont enchevêtrées, ce qui, joint à une mauvaise exécution, rend la lecture très-difficile; stèle en marbre mesurant 1m03 de hauteur sur 0m15 de largeur (Inédite).

(Indications du livret, page 140). Stèle en marbre de Sliman ben Mohammed, mort en 1135 (1722). Acheté, le 27 janvier 1845, à M. Bertrand, marbrier, ainsi que le n° 12.

ريشاه غزاتى مسلميدن بو محمّد مرقدن يا ربّ
اولا مستغرانوار فيض لطف احسانى
شهيد اكن كنه مشبهه بوقدر دارعز بنده
اوله كاخنك اسرّده ايا اها يارمثوانك
صلا كومر خيامه چوخدا مسكن ويره تاريخ
جنان اخرجوار نده حبيبى رب رحمانك
سنة ١١٣٥

J'ai fait la copie ci-dessus avec le concours d'El-Hadj Osman, honorable turc qui est pourvu depuis longtemps de l'emploi d'administrateur (oukil) de la chapelle du marabout ottoman Sidi Ouali Dada (1). Mon collaborateur n'a pu rédiger en arabe une traduction acceptable. C'est en vain que je me suis adressé à plusieurs Français ou Indigènes que je supposais compétents : personne n'a pu ou voulu traduire cette inscription, dont je me borne, en conséquence, à publier le texte. Tout ce que j'ai pu constater, c'est qu'elle est l'épitaphe d'un nommé Mohammed (2),

---

(1) Mohammed ben Otsman Khodja, mon collaborateur ordinaire, était décédé à l'époque où il m'a été possible de m'occuper de cette inscription.

(2) Berbrugger a pris le mot مسلميدن pour le nom propre سليمان, *Soliman*, et le mot بو pour بن, *fils de*. La réalité est que le nom propre *Mohammed*, figure seul sur cette épitaphe.

évidemment tué dans une guerre contre les chrétiens, puisqu'on le qualifie de martyr (شهيد), et qui était capitaine de navire. L'année hégirienne 1135, date du décès, a commencé le 12 octobre 1722 et fini le 30 septembre 1723.

Nº 14. Inscription turque en relief; quatre lignes ; type oriental ; médiocre. Stèle en marbre. Largeur : 0m28 ; hauteur (de partie écrite) : 1m02 (Inédite).

(Indications du livret, page 136). Stèle du beït-el-maldji El-Hadj Ali, mort en 1207 (1792). Acheté le 27 janvier 1845, en même temps que le nº 15.

هو الخلاق الباقی میسرا ولدی بکا شهادت

الٓهی سنن نصیب ایلـه سعادت

بولمر تاکو رسولکدن شفاعت

مرحوم بیت المال الحاج علی روحنه الفاتحة سنة ۱۲۰۷

Je traduis ainsi, d'après feu Mohammed ben Otsman Khodja :

Il est le Créateur, le Survivant ! Qu'il me facilite le martyre !

O mon Dieu ! donne-moi une part de la félicité divine,

Et fais-moi participer aux effets de l'intercession de ton prophète !

Celui à qui il a été fait miséricorde, le Hadj Ali, beït-el-mal. La *Fateha* pour son âme ! (1) Année 1207.

Le beït-el-maldji (2) était le chef d'une administration — le beït-el-mal — chargée de recueillir les successions en deshérence, de gérer les propriétés de l'Etat, de procéder aux inhu-

(1) Voir la note du nº 7.

(2) On disait aussi, mais fautivement, *beït-el-mal*, ce qui est le nom de l'institution elle-même et non le titre de son chef.

mations, de surveiller les cimetières, etc. L'année hégirienne 1207, indiquée dans cette épitaphe, a commencé le 19 août 1793 et fini le 8 août 1794.

N° 15. Inscription arabe; mauvais caractères se rapprochant du type oriental; cinq lignes. Stèle en ardoise; hauteur (de la partie écrite) : 0m49; largeur : 0m305 (Inédite).

(Indications du livret, page 141). Stèle en ardoise de Ramdan ben Khelil, mort en 1251 (1835). Voir n° 14.

هذا

قبر المرحوم بكرم

الحى القيوم رمضان

بن خليفة رحمة الله عليه

سنة ١٢٥١

Ceci

est le tombeau de celui auquel il a été fait miséricorde par la bonté

du Vivant, du Subsistant, Ramdan

fils de Khelifa. Que la miséricorde de Dieu soit sur lui!

Année 1251.

C'est par erreur que Berbrugger a lu *Khelil*, au lieu de *Khelifa*. Mais cela est sans grande importance, car cette épitaphe, postérieure à la conquête française, puisqu'elle ne remonte qu'à l'année 1251, qui a commencé le 29 avril 1835 et fini le 17 avril 1836, n'offre aucun intérêt historique.

N° 16. Inscription turque en une seule ligne divisée en trois cartouches; creux rempli de plomb; caractères orientaux; médiocres ; plaque en marbre mesurant 0m27 de largeur sur 0m265 de hauteur (Inédite).

(*Indications du livret*, page 133). Inscription provenant d'une fontaine, avec le nom d'Ali pacha, et datée de 1176 (1762). Donné, le 13 août 1845, par M. Sabatault, et provenant de son ancienne campagne d'Hussein-Dey. Caractères en plomb, sur une tablette de 0m26 sur 0m26.

علی باشا شان ایجون بوعینه * قتی زیاد اتدای بنی روانه *

سنة ستة وسبعون ومایة والف

Je traduis ainsi, d'après feu Mohammed ben Otsman Khodja :

Ali pacha, pour accroître la considération dont jouit cette fontaine, .·. a augmenté son débit à l'usage de toute créature, .·. en l'année mil cent soixante-seize.

L'année indiquée ci-dessus a commencé le 23 juillet 1762 et fini le 11 juillet 1763.

No 17. Inscription turque ; caractères creux, dont le plomb a été enlevé ; type oriental ; bonne exécution ; mutilée en grande partie. Corniche en marbre d'une longueur de 2m46 sur une hauteur moyenne de 0m50. (*Les édifices religieux de l'ancien Alger*, par M. Albert Devoulx, page 138. — *Alger*, par M. Albert Devoulx).

(*Indications du livret*, page 137). Corniche de 2m55 sur 0m50 de hauteur, avec inscription en partie mutilée au-dessus et au-dessous. Provient, dit-on, de la grande mosquée des hanéfites, ou, du moins, a été trouvée tout auprès, en janvier 1846. Caractères creux, jadis remplis de plomb. Un fanatique nommé Djelloul, ayant appris que cette corniche allait être remise au Musée, l'a mutilée, afin que les chrétiens ne pussent pas profaner le nom de Dieu et les autres paroles sacrées qui s'y trouvaient. Remis par la Direction de l'intérieur.

1re *ligne.*

سايه پرورد كار ..... عصر جميلنده جون اولدى بناى جامع
تكري نظرا يلسون عسكرمنصوريه جزميه بيك افريد كه ايلدى
ثار ... قد انشا جامع للاتقيا في زمان السلطان

2e *ligne.*

...... منبع لطف وكرم صاحب سيف ورماح قيلنه بش وقت
صلاة بولنه هركز فلاح كه ايلدلر جد وجهد ايله شام وصباح
معبد اصل اتقيا مجمع اهل صلاح خلد ... خلافته ما دام الدوران

3e *ligne.*

وضعت هنا .... في زمان .... الخيرات

4e *ligne.*

ما صاح طير على الاغصان مبتدرا والمسلمين على طول المدا زمرا
والال والصحب والانصار اسدسرا والتابعين لهم في ساير الامم وبعد
فحمد الله ختملوا اولان مديد وماشا

Je traduis ainsi les portions intactes de cette inscription, dont M. Mohammed ben Otsman Khodja a reproduit en arabe les passages turcs :

« (1re ligne). — Par la grâce de Dieu, qu'il soit exalté!..... Pendant sa belle époque a eu lieu la construction de la mosquée. Que Dieu arrête ses regards sur les soldats victorieux et donne à chacun d'eux mille récompenses (1). Sa date (est renfermée

---

(1) Cette mosquée a été bâtie par l'ordre de la milice.

dans les mots suivants) : *Une mosquée a été élevée pour la piété* (1), sous le règne du sultan..... (2e ligne). — Source de bonté et de noblesse, armé du glaive et de la lance. Quiconque y accomplira la prière aux cinq moments (2), fera partie des gens auxquels le salut est réservé, car ils y ont travaillé avec zèle et activité soir et matin. C'est un temple, base de la dévotion, lieu de réunion des gens vertueux. Que Dieu perpétue son vicariat... ....; tant que durera la rotation......... (3e ligne). — Elle (cette inscription?) a été posée ici.......... (4e ligne). — Tant qu'un oiseau chantera avec empressement sur les branches, et que les musulmans formeront des catégories distinctes, pendant la durée du temps, ainsi que la famille, les compagnons, les pieux *Anṣar* (3), et leurs sectateurs dans toutes les nations. Et ensuite : Dieu soit loué que son achèvement ait eu lieu comme il l'a désiré et voulu. »

Cette inscription appartenait à la mosquée sise à l'entrée de la rue de la Marine, et appelée par les indigènes *El-Djama el-Djedid* (la mosquée neuve), et par nous *mosquée de la Pêcherie* ou *mosquée de la place du Gouvernement*. Cet établissement forme l'objet du chapitre XLVI de mes *Édifices religieux de l'ancien Alger*, et je ne puis que renvoyer le lecteur à cet ouvrage, afin de ne pas tomber dans des redites.

N° 18. Inscription arabe en relief ; trois lignes ; type oriental ; bonne exécution. Plaque en marbre de 0m495 de largeur et 0m49 de hauteur. (*Alger*, par M. Albert Devoulx).

(*Indications du livret*, page 135. Inscription en relief sur tablette de 0m50 sur 0m50, rappelant une réparation de fontaine faite en 1162 (1748) par le bit-el-maldji El-Hadj Hamed ben el-Ouani. Remise par le Service des fontaines, le 2 juin 1847.

---

(1) Il m'est impossible de résoudre ce chronogramme, d'après les règles ordinaires, car l'addition des lettres renfermées dans les mots indiqués me donne 1542, ce qui est un résultat inadmissible.

(2) Il s'agit des moments fixés pour les prières obligatoires.

(3) Les *Ansar* ou aides, c'est-à-dire les hommes de Médine qui ont prêté leur appui à Mohammed, lorsqu'il quitta La Mecque, et l'ont ensuite aidé dans toutes ses entreprises.

الحمد لله جدد هذا البناء المبارك وزاد

في بهجته الاسعد الاحضى السيد الحاج احمد ابن والى

صاحب بيت المال بالجزائر المحروسة فى التاريخ ربيع الثانى سنة ١١٦٢

Louange à Dieu ! A renouvelé cette bâtisse bénie et a augmenté sa beauté, le très-heureux et très honoré-seigneur El-Hadj Ahmed, fils d'Ouali,

chargé du beït-el-mal (1) à Alger, la protégée (de Dieu), à la présente date. (Mois de) Rebi' 2e de l'année 1162.

La date ci-dessus est comprise entre le 21 mars et le 18 avril 1749, et ne correspond donc pas à l'année 1748, comme le porte à tort le *livret*, lequel transforme fautivement le nom propre *Ouali* en *El-Ouani*.

D'après les renseignements que j'ai recueillis à l'occasion de mes recherches sur la topographie de l'ancien Alger, l'inscription qui nous occupe proviendrait de la fontaine établie autrefois dans la rue *au Beurre*, près de la zaouia des Andalous. Mais je ne puis proposer cette attribution que sous réserves, faute d'indications précises. Il est incontestable qu'en 1847 les agents du Service des fontaines auraient pu expliquer la provenance de la plaque dont ils faisaient la remise au Musée, et il est regrettable que Berbrugger n'ait pas pris la précaution de les interroger, ce qui eût écarté une difficulté qu'un quart de siècle a rendue presque insurmontable.

N° 19. Inscription arabe, en relief, très-mauvaise comme style et orthographe ; neuf lignes divisées en deux parties rimant entr'elles ; mauvais type barbaresque, excessivement mal exécuté. Plaque en marbre ; largeur : 0m49 ; hauteur : 0m49. (Inédite).

(*Indications du livret*, page 133. Inscription relative à la construction d'un fort, datée de 1197 (1782), sous l'émir des Croyants Abou Ali Abou El-Hossaïn. Caractères en relief, peu réguliers et recouverts d'une peinture rouge. Acheté le 15 juillet 1847).

---

(1) Voir la note du n° 14.

بسم الله الرحمن الرحيم * وصلى الله على سيدنا ومولانا محمد واله وصحبه وسلم

كمل من الله ملك من بناه * وزاد في علوه ومن نشاه (1)

من ماله وهو امير المومنين * نقمة ارباب الصليب الكفرين

الهالك الواثق الرب العلى * العادل الاسمى الرضى ابو على

ابو المكارم الحسين الاسعد * الاعدل الاسمى السرير(1) الاصعد

تقبل الله تعلى عمله * وكان مكرما لربه نزله (1)

وكان حافظا له وناصره * ومجزلا جزاه في الاخرة

سنة سبع بعد تسعين مائة * من بعد الف.... (2) تشل سنة

من هجرة المختار احمد الامام * عليه افضل الصلاة والسلام

Au nom de Dieu clément et miséricordieux ! .·. Que Dieu répande ses grâces sur notre Seigneur et maître Mohammed, ainsi que sur sa famille et ses compagnons, et qu'il leur accorde le salut !

Que soit rendue complète par Dieu, l'autorité de celui qui l'a construit .·. et a augmenté sa hauteur, de celui qui l'a élevé

de ses deniers, lequel est le prince des Croyants, .·. qui tire vengeance des gens de la Croix, les infidèles;

le roi (3) qui place sa confiance dans le Seigneur très-haut (Dieu), .·., le juste, l'élevé, l'agréable *Abou Ali*,

aux actions nobles et généreuses, El-Houssin, le très-heu-

---

(1) Lecture incertaine.

(2) Ce passage est illisible, l'ouvrier ayant omis de graver un certain nombre de lettres.

(3) Il me semble que ce mot est écrit fautivement مالك pour ملك. Ainsi orthographié il signifie *possesseur, propriétaire*, ce qui n'a aucun sens dans la phrase.

reux, .·. le très-équitable, le sublime, au trône très-élevé.

Puisse Dieu (qu'il soit exalté!) agréer son œuvre; .·. que son offrande soit considérée comme un hommage rendu à son Seigneur (1)!

Qu'il (Dieu) soit son gardien et son défenseur, .·. et qu'il lui accorde largement sa rétribution dans la vie future!

Année sept après quatre-vingt-dix, cent après mille.....

de l'émigration de l'Élu, Ahmed l'Imam (2), .·. sur lui soient la meilleure des bénédictions et le salut!

Il est difficile d'établir de quel édifice provient cette inscription et même de reconnaître le prince qu'elle mentionne. Les pachas d'Alger ne prenaient pas d'ordinaire le titre de *Prince des Croyants*, qualification réservée, en Barbarie, à l'empereur du Maroc. A la date indiquée, le pacha d'Alger s'appelait Baba Mohammed et l'empereur du Maroc se nommait Mohammed; à Tunis, Hamouda pacha Bey avait remplacé Ali Bey le 26 mai 1782. Il ne s'agit donc d'aucun de ces trois princes et je ne puis que faire mes réserves au sujet de l'origine à attribuer à l'épigraphe en question; origine dont Berbrugger n'a pas cru pouvoir aborder l'explication en 1847, au moment de l'achat fait par le Musée.

Quant à l'année hégirienne 1197, indiquée dans cette inscription, elle a commencé le 7 décembre 1782 et fini le 25 novembre 1783.

N° 20. Inscription arabe en relief; cinq lignes, plus la date; bon type oriental; bonne exécution. Stèle en marbre avec des fleurs sculptées sur le côté opposé à celui qui porte l'inscription; largeur: 0m36; hauteur (de la partie écrite): 0m64. (Inédite).

(*Indications du livret*, page 132. Stèle d'Ibrahim pacha, mort en 1158 (1745). Caractères en relief. Acheté le 16 février 1849).

---

(1) Sens incertain.

(2) Il s'agit du prophète Mahomet.

هذا قبر المرحوم بكرم

الحى القيوم ابراهيم

پاشا كان حاكمًا ووالياً

ثلثة عشر سنين ونصف سنة

رحمه الله ورحم المسلمين اجمعين

سنة ١١٥٨

Ceci est le tombeau de celui auquel il a été fait miséricorde par la bonté

du Vivant, du Subsistant, Ibrahim

Pacha, qui a été gouverneur et prince

pendant treize années et la moitié d'une année.

Que Dieu lui fasse miséricorde et fasse miséricorde à tous les musulmans !

Année 1158.

L'année hégirienne indiquée ci-dessus a commencé le 3 février 1745 et fini le 23 janvier 1746. Ibrahim, alors *kheznadar* ou trésorier particulier, fut élu dey, le 3 septembre 1732, en remplacement de son beau-frère Abdi pacha, mort de maladie. Il était avare et brutal, et fut souvent menacé par des conspirations. La prise de Tunis par les Algériens, en 1735, une rupture grave avec la France, en 1741, et la dévastation de l'établissement français de La Calle, en 1744, furent les principaux évènements de ce règne. Enhardi par les concessions qui lui avaient été faites en plusieurs occasions, Ibrahim pacha déclara que tout nouveau consul de France serait obligé de lui baiser la main lors de la première audience. M. Devant ayant refusé de se soumettre à cette obligation, en 1742, fut rappelé et eut pour successeur M. Thomas qui avait reçu l'ordre de se conformer aux désirs du dey.

Le 20 octobre 1745, Ibrahim pacha, atteint de dyssenterie, abdiqua en faveur de son neveu Ibrahim, alors kheznadji ou grand-trésorier de la régence. Il succomba bientôt à sa maladie.

N° 21. Inscription arabe en relief; quatre lignes; beau type oriental, bien exécuté. Stèle (de pieds) en marbre; largeur: 0m40 ; hauteur (de la partie écrite) : 0m45. (Inédite).

(*Indications du livret*, page 134. Stèle de Mustapha pacha, mort en 1220 (1805). Caractères en relief. Arabesques derrière. Acheté le 20 août 1849, ainsi que le n° 22).

هو الله الحىّ الدايم الباقى
هذا قبر المرحوم بكرم الله
السايرالى عفو الله السيد مصطفى
پاشا رحمه الله امين سنة ١٢٢٠

Il est Dieu, le Vivant, l'Eternel, le Survivant!
Ceci est le tombeau de celui auquel il a été fait miséricorde par la bonté de Dieu,
de celui qui a été appelé devant la clémence de Dieu, le Seigneur Moustapha
Pacha. Que Dieu lui fasse miséricorde! Amen! Année 1220.

L'année hégirienne 1220 a commencé le 1er avril 1805 et fini le 20 mars 1806. Dans la partie postérieure de cette stèle de pieds, on lit les trois lignes suivantes, gravées au milieu d'une ornementation composée de fleurs et de branches.

يا واقفا على قبرى
يسّر الله له حُسْن الخاتمة
من لم ينسانى بقراءة الفاتحة

O toi qui t'arrêtes devant ma tombe!
Que Dieu facilite une belle fin
à celui qui n'oubliera pas de lire à mon intention la Fateha (1)!

(1) Voir la note du n° 7.

La partie écrite offre 0m25 de *hauteur et l'ornementation* 0m49, soit en tout 0m74. La stèle de tête de ce tombeau fait l'objet du n° suivant.

Mustapha fut élu dey d'Alger, le 14 mai 1798, en remplacement de son oncle, Hassan pacha, dont il était le kheznadar ou trésorier particulier. C'était, d'après M. Rang, un homme colère, avare, faible, incapable, d'un esprit fort borné, ignorant, fanatique et sujet à des accès de démence. La France eut beaucoup à souffrir des procédés de Mustapha et notamment à l'occasion de l'expédition d'Egypte. L'influence excessive que ce pacha avait laissé prendre à plusieurs favoris juifs et notamment au célèbre Naphtali Bousnah, exaspéra la milice qui massacra un grand nombre d'Israélites et mit leurs maisons au pillage les 28 et 29 juin 1805. Après avoir échappé plusieurs fois aux coups dirigés contre lui, Mustapha pacha fut assassiné par la milice le 30 août de la même année.

N° 21 (bis). *Inscription arabe en relief; quatre lignes*; beau type oriental, bien exécuté. Stèle (de tête) en marbre; hauteur (de la partie écrite) : 0m45 ; largeur : 0m40. La face postérieure offre une jolie ornementation ayant pour motifs des fleurs. (Inédite).

كل ما سوى الله تعالى فانى

لا اله الا الله الملك

الحق المبين محمد رسول الله

صادق الوعد الامين

Tout ce qui n'est pas Dieu (qu'il soit exalté !) est périssable !
Il n'y a de dieu que Dieu, le Souverain,
la Vérité, l'Evident ! Mohammed est l'envoyé de Dieu.
Il est sincère dans ses promesses et digne de confiance.

Cette stèle, dont le livret du Musée ne fait pas mention, provient de la même tombe que la précédente, comme le prouve l'identité des dimensions, des formes, de l'écriture et de l'ornementation.

N° 22. Inscription arabe en relief ; quatre lignes ; joli type oriental, bien exécuté. Stèle en marbre ; largeur : 0m36 ; hauteur (de la partie écrite) : 0m46. (Inédite).

(*Indications du livret*, page 134. Stèle de Fatma bent Abd Allah, appartenant à la famille de Moustafa pacha, morte en 1211 (1796). Voir le n° 21).

كل ما سوى الله تعالى فانى

هذا قبر المرحومة المصونة

المغفورة فاطمة بنت عبد الله

المتوفى بالنفاس مغبونة رحمه الله سنة ١٢١١

Tout ce qui n'est pas Dieu (qu'il soit exalté !) est périssable !

Ceci est le tombeau de celle à qui il a été fait miséricorde, qui avait été dérobée (aux regards),

qui a été pardonnée, Fatma fille d'Abd Allah,

morte en couches, déçue dans son espérance (de mère ?) Que Dieu lui fasse miséricorde. Année 1211.

L'année hégirienne 1211 a commencé le 7 juillet 1796 et fini le 25 juin 1797. Cette épitaphe, dans laquelle on relève deux fois la substitution fautive du masculin au féminin, ne présente qu'un intérêt historique bien faible, puisqu'il ne s'agit que d'une femme appartenant à la famille du pacha Moustafa. L'autre stèle de cette tombe fait l'objet du n° suivant.

N° 22 (bis). Inscription arabe en relief ; quatre lignes (mêmes indications qu'au n° 22).

هو الله الحى الدايم الباقى

لا اله الا الله الملك

الحق المبين محمد رسول الله

صادق الوعد الامين

Il est Dieu, le Vivant, l'Eternel, le Survivant !
Il n'y a de dieu que Dieu, le Souverain,
la Vérité, l'Evident ! Mohammed est le prophète de Dieu !
Il est sincère dans ses promesses et digne de confiance.

Cette stèle de tête, dont le livret ne fait pas mention, provient de la même tombe que la précédente, comme le prouve l'identité des dimensions, des formes, de l'écriture et de l'ornementation.

N° 23. Inscription arabe en caractères creux remplis de plomb; cinq lignes; type oriental, médiocre; exécution médiocre. Stèle en marbre; largeur : 0m27; hauteur (de la partie écrite) : 0m59. (Inédite)

(*Indications du livret*, page 136. Stèle d'El-Hadj Hassan, bach daftardar, mort en 1165 (1751). Acheté le 15 octobre 1849). (Voir le n° 68.)

هـذا قـبـر المرحوم بكـرم
الحى القيوم الحاج حسن
خوجه كان باش دفتـر دار
سبعة وعشرون عامـا
سنة ١١٦٥

Ceci est le tombeau de celui auquel il a été fait miséricorde par la bonté
du Vivant, du Subsistant, El-Hadj Hassan
Khodja, qui fut bach daftardar
pendant vingt-sept ans.
Année 1165.

Le *bach taftardar* ou *bach taftar*, était le plus élevé en grade des quatre secrétaires siégeant dans la mehakema, ou bureaux du pacha, et chargés de tenir les écritures du gouvernement sous la haute direction du kheznadji ou grand-trésorier. Quant à l'année hégirienne 1165, elle a commencé le 20 novembre 1751 et fini le 7 novembre 1752.

N° 24. Inscription turque en relief; quatre lignes rimant entr'elles et divisées chacune en deux parties; bon type oriental; bien exécuté. Plaque en marbre, ayant 0m61 de largeur sur 0m61 de hauteur; l'angle inférieur de droite est cassé. (M. Albert Devoulx, *Moniteur de l'Algérie* du 11 avril 1868. — *Alger*, par M. Albert Devoulx.)

(*Indications du livret*, page 129. Inscription turque datée de 980 (1572) et mentionnant Ahmed pacha. Ce pacha est Arab Ahmed ou l'arabe Ahmed, car contrairement à la politique et à l'usage, il appartenait à la race des vaincus, étant né en Egypte, de parents fellahs. Il vint occuper ses fonctions à Alger au mois de mars 1572 et en partit à la fin de mai 1574. Remis par le génie le 26 mars 1852).

امیر کبیر جهان کنز کردون   اق باشاي مغرب فرید فریدون

سه شمس الدین یعنی احمد باشا   که عدلیله معمور ربع مسکون

جزایرده یبدی درسور خندق   اندوب خرج حق یولنه مال قارون

هاتف دایدی مي تاریخ   درادر باب جنات همایون

....سنة ٩٨٠

Je traduis ainsi d'après une traduction faite en arabe par feu Mohammed ben Otsman Khodja.

Le grand prince, trésor de ce monde, et clarté du firmament, ∴ pacha de l'Occident et son *Afridoun* (1) unique,

le soleil de la religion, c'est-à-dire Ahmed pacha, ∴ lequel, pour son équité, rend florissant le quart habité (de la terre),

a fait un fossé aux remparts d'Alger. ∴ Il a consacré à cette œuvre, pour plaire à Dieu, les richesses de Karoun (2).

---

(1) *Feridoun* et *Afridoun*, 7e roi de Perse de la première race ou dynastie, prince qui avait un grand fond de clémence et qui était doué d'une profonde sagesse. (*Bibliothèque orientale de d'Herbelot*).

(2) Les richesses de Karoun, Coré de la Bible, sont proverbiales chez les Musulmans. Karoun avait, disent les commentateurs, un palais tout couvert d'or et dont les portes étaient d'or massif. Il affectait un grand luxe, montait une mule blanche couverte d'une housse

Celui qui l'admirait a annoncé sa date en disant : .·. il saisit la porte du paradis fortuné.

..... Année 980.

Le chronogramme annoncé à la dernière ligne est exact. L'année hégirienne 980, doublement indiquée, a commencé le 14 mai 1572 et fini le 2 mai 1573. D'après l'historien espagnol Haedo, le fossé d'Alger, peu profond et en partie comblé, fut nettoyé, amélioré et mis en bon état, en 1573, par le pacha Arab Ahmed, dans la partie qui défendait la Casba ou citadelle, et dans celle qui s'étendait depuis la Porte-Neuve jusqu'au bastion qui formait l'angle S.-E. de la ville, à peu de distance de la porte Bab-Azoun (1). L'inscription ci-dessus, dont l'objet et l'importance ont échappé à Berbrugger, rappelait le souvenir de ces travaux et confirme pleinement les assertions de Haedo.

N° 25. Inscription arabe en caractères creux remplis de plomb ; une seule ligne divisée en quatre cartouches rimant entr'eux ; bon type oriental ; bien exécuté. Plaque en marbre ayant 1m65 de largeur sur 0m21 de hauteur (Inédite).

(*Indications du livret*, page 136. Inscription turque relative à la restauration d'un monument, faite en 1184 (1770), par Ahtchi Ali Ibn Moustafa. Sur la façade de la nouvelle poudrière, à la Marine, il y a une autre épigraphe de ce même personnage. Caractères en plomb. Acheté le 26 mars 1852).

جدّد هذا المكان الجميل الاوفى * قاصدا رضاء ربّ له العزوكفى *
عشجى على ابن المرحوم مصطفى * سنة اربع وثمانين ومايةِ
والف من هجرة صاحب الوفى

---

d'or, était lui-même vêtu de pourpre et paraissait toujours accompagné de quatre mille hommes, tous montés et richement habillés. Il est question de lui dans le Coran et notamment au chapitre XXVIII.

(1) C'est le bastion auquel nous donnâmes le n° 6 en 1830. Ses restes existent encore et sont destinés à tomber dans le périmètre de la place Bresson.

A fait reconstruire ce lieu beau et complet, .·. dans l'intention de mériter la satisfaction du Souverain qui a la puissance (Dieu), et cela suffit (1), .·. Ahtchi (2) Ali fils du défunt Moustafa. .·. Année mil cent quatre-vingt-quatre de l'émigration de celui qui est sincère.

Peut être aurait-il été encore possible en 1852, de parvenir à connaître l'édifice auquel avait appartenu cette inscription, mais les souvenirs des indigènes s'effacent de plus en plus et mes recherches sont restées sans résultat. Tout ce que je me hasarderai à avancer, sous forme de pure hypothèse, c'est que cette plaque rappelait peut être l'embellissement d'une chambre de caserne, fait par le cuisinier militaire Ahtchi Ali.

L'année hégirienne indiquée dans cette inscription qui est bien *arabe* et non *turque*, comme Berbrugger le dit par erreur, a commencé le 17 avril 1770 et fini le 15 avril 1771.

N° 26. Inscription turque en caractères creux remplis de plomb ; quatre lignes ; bon type oriental. Plaque en marbre mesurant 0m55 de largeur sur 0m48 de hauteur. (Inédite).

(*Indications du livret*, page 135. Inscription relative à Ibrahim aga en 1243 (1827). Le vendeur dit l'avoir trouvée à Constantine, dans des fondations. Caractères en plomb. Acheté le 6 avril 1852).

بقرەوى السيد ابراهيم اغا

خيرا يلـه خيراتـه سعى دائما

لطف ايدوب بوجامعى قلدى بنا

ويـره اجرين اولجناب كبريا ١٢٤٣

Je traduis ainsi une traduction faite en arabe par feu Mohammed ben Otsman Khodja :

Le Seigneur Ibrahim aga le Bakeraoui,
qui se consacre incessamment aux bonnes œuvres,

---

(1) Ceci est évidemment une cheville amenée par les exigences de la rime.

(2) Cuisinier de l'armée, emploi qui jouissait d'une grande considération.

a fait construire cette mosquée, par sa munificence.

Que Dieu lui accorde deux récompenses au lieu d'une! 1243.

L'année hégirienne 1243 a commencé le 25 juillet 1827 et fini le 13 juillet 1828. En consultant le travail sur les établissements religieux de Constantine, publié par M. Féraud dans la *Revue africaine* (tome XII, page 121), j'ai pu m'assurer que le nom du fondateur ci-dessus mentionné n'est resté attaché à aucune des mosquées de cette ville.

N° 27. Inscription arabe en deux lignes; fond peint en bleu; lettres en relief, peintes en blanc, avec quelques intérieurs en rouge; bordure d'arabesques rouge et or; type oriental peu élégant; exécution médiocre. (M. Albert Devoulx, *Moniteur de l'Algérie* du 7 mars 1868. — M. Albert Devoulx, *Alger*).

(*Indications du livret*, page 127). Fort belle inscription en relief, encadrée dans une bordure d'arabesques, le tout peint en bleu, rouge et or. Figurait jadis à la Jenina, au-dessus de la porte du Trésor public; a été plus tard transféré à la Casba.

نصرٌ من الله وفتح قريب وبشر المومين (1)

يا مفتح الابواب افتح لنا خير الباب

Une assistance émanant de Dieu et une victoire prochaine; et réjouis les croyants par cette bonne nouvelle.

O Toi qui ouvres les portes, ouvre pour nous la meilleure porte.

L'invocation qui précède est ordinairement employée dans un sens figuré et religieux. Mais ici, elle semble une allusion bien matérielle et bien mondaine aux richesses qu'on pouvait se procurer en franchissant la porte au-dessus de laquelle elle se trouvait placée. Le 1er mars 1817, le pacha Ali jugea prudent d'abandonner la Jenina, trop accessible à ses ingouvernables et sanguinaires soldats, et d'établir son domicile au milieu des canons de la Casba. Il n'oublia pas d'emporter le Trésor public, ni

(1) Il faudrait évidemment المومنين.

même l'inscription qui décorait l'entrée de la pièce dans laquelle on enfermait le numéraire. Cette inscription n'est autre que celle dont je m'occupe, laquelle, après un séjour assez court au sommet de la vieille ville, a été placée dans le Musée archéologique, non loin de l'emplacement du local pour l'ornement duquel elle avait été primitivement faite.

N° 28. Inscription arabe en huit lignes ; relief faible ; mauvais type barbaresque, mal exécuté ; tablette en marbre mesurant 0m25 de largeur sur 0m28 de hauteur ; l'écriture est renfermée dans un ovale inscrit dans un carré ; trois des angles du carré sont brisés ; dans le quatrième angle, on lit le nom du prophète : محمد. (Inédite).

(*Indications du livret*, page 140. Épitaphe de Mesaoud ben Abd er-Rahman el-R'ani el-Djezaïri; 0m30 sur 0m25. Elle forme un cercle inscrit dans un carré. Elle est datée de 715 (1315). Remis en août 1853 par M. Fenech, commissaire civil de Bougie.

هاذا قبر

العبد الفقير للرحمة

مسعود بن عبد الرحمن

الغازى (1) الجزايرى توفى رحمه الله

يوم الاربعة الثامن لشهر

رمضان المعظم عام خمسة

عشر وسبعماية رحمه

الله ويرحم لمن دعا له

Ceci est le tombeau de l'homme qui avait un extrême besoin

(1) La lecture de ce mot est incertaine. Toutefois, la leçon *el-R'ani*, donnée par le *livret*, ne semble pas admissible, attendu que la dernière et l'avant-dernière lettres ne sont pas liées.

de la miséricorde divine, Messaoud, fils d'Abderrahman, le champion de la foi (?), l'algérien. Il est décédé, — que Dieu lui fasse miséricorde, — le mercredi, huitième jour du mois de ramdan, le vénéré, de l'année sept cent quinze. Que Dieu lui fasse miséricorde et fasse miséricorde à ceux qui prieront pour lui.

Il est probable que cette inscription, l'une des plus anciennes que nous ayons (1), a été recueillie à Bougie, puisqu'elle a été donnée au Musée par le commissaire civil de cette localité. On regrette que le *livret* ne l'affirme pas. Le 8 ramdan 715 correspondrait au 6 décembre 1315, lequel tombait un samedi, ce qui est en désaccord avec l'indication ci-dessus. En prenant pour guide le jour de la semaine, on reconnait que la véritable date de cette inscription est le mercredi 5 ramdan 715, soit le 3 décembre 1315 (2).

N° 29. Inscription turque en trois lignes divisées en deux compartiments, plus la date ; relief ; caractères orientaux, assez bons ; exécution assez bonne. Plaque en marbre mesurant 0m89 de largeur sur 0m575 de hauteur. (Berbrugger, *Géronimo*, 2e édition, page 87. — M. Albert Devoulx, *Moniteur de l'Algérie*, 1868. — M. Albert Devoulx, *Alger).*

(Indications du livret, page 128). Inscription en relief du fort des Vingt-quatre heures, datée de 975 (1567), et mentionnant le pacha Mohammed. C'est le fils du célèbre Salah raïs. Il gouverna ici du 8 février 1567 au commencement de mars 1568. (Voir, pour cette inscription, *Géronimo*, 2e édition, pages 87 et suivantes). Remis par l'artillerie le 18 juillet 1853.

---

(1) Une seule inscription, à ma connaissance, est plus ancienne que celle-là, c'est celle qui porte le n° 64 du *Catalogue* du Musée.

(2) Les musulmans subordonnent le commencement du mois de ramdan, — consacré au jeûne, — à l'observation directe de la nouvelle lune. Cette formalité irrationnelle amène souvent une différence d'un, deux ou trois jours entre la date usuelle et la date indiquée par le calcul rigoureux. L'indication du jour de la semaine permet de retrouver cette dernière date.

خرج ايدوب حق يولنه مال وزير اعظم

يا پدى بوسورى جزايرده متين واعلا

شويله بالاتر اولوب كردون همسر اولمش

اراسك روي زمينى بوليمزسن همتا

نامى ياد اولمغيچون ديدى مدامي تاريخ

ياپدى بوقلعة مرعي محمد باشايي

سنة ٩٧٦

Je traduis ainsi, d'aprés feu Mohammed ben Otsman Khodja :

Un très-grand vizir, désirant être agréable à Dieu, .·. a doté Alger de cette forteresse élevée et redoutable.

La hauteur de cette construction imposante est si grande, qu'elle égale celle du firmament. .·. A la surface de la terre, il n'en existe pas de semblable.

Pour perpétuer, dit cet édifice, son nom et l'époque (de son règne), .·. Mohammed pacha, protégé (par Dieu), éleva cette forteresse.

Année 975.

L'année hégirienne 975 a commencé le 8 juillet 1567 et fini le 25 juin 1568.

Cette inscription attribue la construction du fort en question à Mohammed pacha, lequel gouverna Alger du 8 janvier 1567 au mois de mars 1568, et fut le premier des gouverneurs généraux envoyés par la Porte qui s'occupa de fortifier les abords de cette place, alors très-faible en elle-même. Elle semble, dès lors, en contradiction avec les assertions de Haëdo, lequel dit que cet ouvrage fut construit par le pacha El-Hadj Ali ; mais ce désaccord est facile à expliquer ; il paraît probable, en effet, que Mohammed pacha, dont le commandement fut très-court, eût l'initiative de la création de ce fort, mais que les travaux ne furent achevés que longtemps après, sous le gouvernement d'El-Hadj Ali pacha el-Oldj (l'esclave chrétien converti à l'islamisme) el-Fortas (le teigneux). Si le nom de celui-ci ne figure pas sur l'inscription, c'est que ce pacha eût de sérieux démêlés avec les janissaires, dont il ne payait pas la solde avec exactitude, et fut obligé, pour échapper à leurs coups, de quitter brusquement Alger en octobre 1569, en laissant pour intérimaire Mami Corso. L'antipathie que les janissaires éprouvaient pour El-Hadj Ali pacha dût les déterminer à décider, après entier achèvement des travaux, qu'en bonne justice l'honneur en revenait à celui qui en avait eu la première idée. La notoriété publique ne ratifia pas cette décision et employa plus tard la dénomination de fort d'*El-Hadj Ali pacha*, ce qui est la confirmation éclatante des assertions de Haëdo.

Le 27 décembre 1853, on retrouva dans l'un des murs de ce fort, le squelette de Géronimo, qui y avait été enseveli vivant, le 18 septembre 1569, pour avoir refusé d'abjurer le catholicisme et de rentrer dans le sein de l'islamisme, son ancienne religion (1).

En dernier lieu, les indigènes appelaient cet ouvrage *bordj setti takelilt* (ستى تاكليلت *dame négresse*), à cause d'une maraboute kabyle qui d'après la tradition était inhumée sous un banc en maçonnerie placé dans le vestibule, au dessous d'un arceau surmonté d'un côté d'une petite niche creusée dans la muraille et indiquant l'endroit où reposait la tête de la défunte. Lors de la démolition du fort, en 1853, il n'a été trouvé ni ossements sous le banc, ni tête sous la niche. Il est vrai que ces restes avaient pu être enlevés pendant l'occupation française. Avant cette dénomination, qui ne parait pas remonter au-delà de la fin du XIe siècle de l'hégire, les Algériens nommaient ce fort *bordj* (le fort de) *El-Hadj Ali pacha* et aussi *bordj Bab-el-Oued* (le fort de la porte du ruisseau). Ce dernier nom était également employé par les européens concurremment avec celui de fort des Vingt-Quatre heures, dont l'étymologie est inconnue.

N° 30. Inscription arabe gravée en caractères creux sur des

---

(1) Voir l'intéressante brochure publiée par Berbrugger, sous le titre de *Géronime, le martyr du fort des 24 heures*. — Alger, Bastide, 1859.

plaques en marbre, présentant 0m275 de hauteur et 0m08 d'épaisseur, lesquelles ont été brisées et se trouvent actuellement divisées en dix fragments d'inégale longueur, offrant un développement total de 4m06 (soit 0m50, 0m29, 0m51, 0m49, 0m48, 0m47, 0m28, 0m25, 0m28 0m51). Ecriture et exécution médiocres. *(Alger*, par M. Albert Devoulx).

(Indications du livret, page 137. Trois épitaphes complètes et trois fragments d'épitaphe de Mohammed ben Sliman ben Abd Allah et-Tebib. Caractères creux d'où le plomb a disparu. Exemple unique ici, d'une sextuple (2) épitaphe d'un même individu sur le même tombeau, et surtout où le nom du défunt est accompagné de beaucoup d'épithètes élogieuses. Remis par la Mairie, le 20 décembre 1854).

Auprès d'un gros et vieux caroubier planté au-dessus de la zaouïa de Sidi Abd Errahman et-Etsalbi et au pied de la colline fortement escarpée que couronnaient les remparts d'Alger, se trouvait le tombeau qu'un dey fit élever à son médecin, d'après la tradition, qui a oublié le nom des deux personnages. Cette tombe, connue sous la dénomination d'*el-merabot ettebib* (le marabout médecin), se composait d'une coupole (1) reposant sur une base carrée, ouverte à tous les vents et qui offrait sur chacune de ses faces deux arceaux soutenus, au milieu, par une colonne (2). Sur chacune des façades de ce petit monument étaient encastrées des épitaphes dont il m'est possible de donner le texte complet en combinant les fragments d'inscriptions du Musée avec les notes recueillies de 1830 à 1832, par M. le Capitaine d'Etat-Major Delcambe (3).

---

(2) En réalité l'épitaphe se répétait sept fois. A. D.

(1) C'est ce que nous appelons *Marabout.*

(2) On a imité ce style dans la construction du *Marabout* ou *pavillon de la Reine*, sis dans la partie N.-O. du jardin Marengo, et qui était destiné à recevoir le buste de la Reine Amélie, femme de Louis Philippe. Quelques personnes prétendent que certains des matériaux du tombeau du médecin musulman, ont été employés pour l'édification de ce pavillon, mais je ne puis reproduire cette assertion que sous toutes réserves. Il est certain, en tout cas, que les épitaphes du Tebib ont longtemps figuré dans cette partie de notre jardin public.

(3) Je dois la communication de ces notes à l'obligeance de mon savant confrère, M. Féraud, interprète-principal de l'armée.

FACE SUD (1).

1re

بسم الله الرحمن الرحيم

لا اله الا الله محمد رسول الله

هذا قبر المرحوم بكرم الله

السائر الى عفو الله

المنغمس في رحمة الله

محمد بن سليمان الطبيب بن عبد الله

2e

بسم الله الرحمن الرحيم

لا اله الا الله محمد رسول الله

يا جايزين الطريق ازودونا بالرحمة

يرحمكوم (*sic*) الله

هذا قبر محمد بن سليمان الطبيب بن عبد الله

رحمه الله

FACE OUEST.

1re

بسم الله الرحمن الرحيم

لا اله الا الله محمد رسول الله

هذا قبر الشاب الممدود

الساكن تحت اللحود

الراجى رحمة المعبود

محمد ين سليمان الطبيب المفقود

(1) M. Delcambe appelle ce monument *Le Tombeau des Deys* C'est là une erreur manifeste sur laquelle il est inutile d'insister.

2e

بسم الله الرحمن الرحيم

لا اله الا الله محمد رسول الله

هذا قبر العبد الكبيب

الراجي رحمة المجيب

بجاه المصطفى الحبيب

محمد بن سليمان الطبيب

FACE NORD.

Une seule inscription.

بسم الله الرحمن الرحيم

لا اله الا الله محمد رسول الله

هذا قبر المرحوم الشاب

الساكن تحت التراب

الرجي رحمة الوهاب

محمد بن سليمان الطبيب لكل مصاب

FACE EST.

1re

بسم الله الرحمن الرحيم

لا اله الا الله محمد رسول الله

هذا قبر العبد الذليل

الراجي رحمة المولى الجليل

الساكن روضة الخليل

محمد بن سليمان طبيب كل عليل

2e

بسم الله الرحمن الرحيم
لا اله الا الله محمد رسول الله
هذا قبر المرحوم بكرم الحى القيوم
من لا تاخذه سنة ولا نوم
ابو الفضل والعموم
محمد بن سليمان الطبيب المعلوم

Je traduis ainsi :

Face Sud.

1o

Au nom de Dieu clément et miséricordieux !

Il n'y a de dieu que Dieu. Mohammed est l'envoyé de Dieu.

Ceci est le tombeau de celui à qui il a été fait miséricorde par la bonté de Dieu,

Qui a été appelé devant la clémence de Dieu,

Qui a été plongé dans la miséricorde de Dieu.

Mohammed fils de Sliman, le médecin, fils d'Abd-Allah.

2o

Au nom de Dieu clément et miséricordieux.

Il n'y a d'autre dieu que Dieu, Mohammed est l'envoyé de Dieu.

O vous qui passez sur ce chemin, munissez-nous pour nos provisions de voyage, de (l'invocation de) la miséricorde divine :

Dieu vous fera miséricorde.

Ceci est le tombeau de Mohammed fils de Sliman, le médecin, fils d'Abd-Allah.

Que Dieu lui fasse miséricorde !

Face Ouest.

1re

Au nom de Dieu clément et miséricordieux.

Il n'y a d'autre dieu que Dieu, Mohammed est l'envoyé de Dieu.

Ceci est le tombeau du jeune homme qui est étendu,

Qui habite sous les pierres tumulaires,
Qui espère la miséricorde de l'Adoré,
Mohammed, fils de Sliman, le médecin, qui a disparu.

2°

Au nom de Dieu clément et miséricordieux.
Il n'y a d'autre dieu que Dieu, Mohammed est l'envoyé de Dieu.
Ceci est le tombeau de l'homme qui est renversé à terre (1),
Qui espère obtenir la miséricorde de Celui qui exauce (Dieu),
par les mérites de l'Elu, de l'Ami (2),
Mohammed, fils de Sliman, le médecin.

Face Nord.

Au nom de Dieu clément et miséricordieux.
Il n'y a d'autre dieu que Dieu, Mohammed est l'envoyé de Dieu.
Ceci est le tombeau de celui qui a été pardonné, du jeune homme
qui habite sous la terre,
qui espère la miséricorde du Dispensateur (Dieu),
Mohammed fils de Sliman, le médecin de quiconque est atteint (d'une maladie).

Face Est.

1re

Au nom de Dieu clément et miséricordieux.
Il n'y a d'autre dieu que Dieu, Mohammed est l'envoyé de Dieu.
Ceci est le tombeau de l'humble adorateur (de Dieu),
qui espère obtenir la miséricorde du Maître, de l'Immense (Dieu),
qui habite le jardin de l'Ami (de Dieu),
Mohammed, fils de Sliman, le médecin de tout malade.

---

(1) كبيب veut dire *qui est renversé la face contre terre*. Mais, comme les Musulmans placent leurs morts sur le dos, un peu tournés sur le côté droit, il semble que ce mot est plutôt une cheville amenée par les exigences de la rime, qu'une allusion à la position réelle du défunt.

(2) Le prophète Mohammed.

2e

Au nom de Dieu clément et miséricordieux.

Il n'y a d'autre dieu que Dieu, Mohammed est l'envoyé de Dieu !

Ceci est le tombeau de celui à qui il a été pardonné par la bonté du Vivant, de l'Immuable,

Sur lequel ni l'assoupissement ni le sommeil n'ont de prise (1),

De celui qui possède la supériorité et qui est universel, Mohammed fils de Sliman, le médecin connu (2).

Ce tombeau ayant été détruit quelques années après la conquête française, les inscriptions qu'il renfermait furent placées dans le jardin Marengo; en 1854, la municipalité fit la remise de quelques portions de ces épitaphes au Musée, où elles reçurent le n° 30 du catalogue de cet établissement.

N° 31. Inscription turque en relief; trois lignes; type talik, médiocre. Plaque en marbre mesurant 0m46 de largeur sur 0m50 de hauteur. (M. Albert Devoulx, *Alger*).

(Indications du livret, page 130. Inscription turque en relief, caractères talik. Datée de 1080 (1669 de J.-C.), avec mention du dey El-Hadj Ali et du pacha Ismaïl. Elle était au-dessus de la porte d'entrée du fort des Anglais. La première mention du dey El-Hadj Ali remonte

---

(1) Coran, chapitre II, verset 256.

(2) المعلوم qui est évidemment amené par la rime, signifierait que la profession est de notoriété publique. Ce mot n'a pas la valeur élogieuse de مشهور, شهير etc., célèbre, renommé, etc.. Malgré la précision plus grande qui semble résulter des termes louangeurs employés dans l'avant dernière ligne de cette partie de la septuple épigraphe, termes qui ne peuvent évidemment s'appliquer qu'au trépassé lui-même, il ne me paraît pas hors de doute que le défunt, qui était un jeune homme, ne fut pas seulement le fils du médecin ; il faut remarquer, en effet, que le mot الطبيب est toujours placé après le nom du père (سليمان) et jamais après celui de l'inhumé (محمد). Les expressions *médecin de tout malade*, *médecin de quiconque est atteint* sembleraient indiquer que ce médecin exerçait encore au moment de l'érection du monument.

à 1667. Il fut décapité vers 1672. Quant au pacha, représentant honoraire de la porte ottomane, l'histoire ne s'en occupe pas. Remis le 30 décembre 1854, par le service des Contributions diverses.

هاتف غيب بوبرجه تاريخ ديدى
بوبيت عديم البدلى ايلدى بونده بناسن
برجك راى عاليسى ايله حاجى على فى زمان اسماعيل باشا
سنة ١٠٨٠

Je rends ainsi une traduction faite en arabe par feu Mohammed ben Otsman Khodja.

Une voix mystérieuse a dit : la date de ce fort (est renfermée dans ces mots :) ceci est un édifice que rien ne saurait remplacer. La construction de ce fort en cet endroit, a eu lieu par l'ordre d'El-Hadj Ali et d'après son avis éminent, du temps d'Ismaïl pacha. Année 1080.

Je n'ai pu trouver la solution du chronogramme placé dans cette inscription, mais cela n'a, heureusement, aucune importance puisque nous apprenons un peu plus bas que la date indiquée est l'année 1080, laquelle a commencé le 1er juin 1669 et fini le 20 mai 1670. Le fort des Anglais, appelé par les indigènes *bordj Kalet el-foul*, était placé à l'ouest d'Alger, sur le bord de la mer, et offrait une vingtaine de pièces.

N° 32. Inscription arabe en relief ; cinq lignes divisées chacune en deux compartiments rimant entr'eux ; bon type oriental ; bien exécuté. Plaque en marbre mesurant 0m72 de largeur sur 0m62 de hauteur. (M. Albert Devoulx, *Alger)*.

(*Indications du livret*, page 132). Inscription en relief, datée de 1163 (1749), et indiquant qu'en cette année Mohammed pacha ben Beker a fait bâtir le mekhazen ez-zera ou magasin aux grains. Ce magasin était au-dessus de l'entrée de l'ancienne caserne Massinissa, aujourd'hui annexe du Lycée. Remis le 9 janvier 1855 par le Proviseur du Lycée.

الحمد لله على ما هدينا * ونشكر على ما انعم علينا

الظاهرة والباطنة من نعمه * وقسم ارزاقنا من خزاين رحمته

امر ببناء هذا المخزن الموفور بالله * محمد باشا بن بكر ايده مولاه

جعله الله بكرمه دايمًا معمورا * بانزال البركة على قوتنا كثيرًا

سنة ثلث وستين وماتة والف * من هجرة من له العز والشرف

Dieu soit loué de nous faire suivre la voie droite ; ∴ nous le remercions de nous avoir prodigué ses bienfaits occultes et apparents et de nous avoir dispensé nos richesses en les puisant dans les trésors de sa miséricorde. ∴ A ordonné la construction de ce magasin, rendu prospère par Dieu, ∴ Mohammed pacha ben Bakir, que son Maître (Dieu) l'assiste ! ∴ Fasse Dieu, par sa bonté, qu'il (ce magasin) soit toujours florissant, ∴ par la descente d'une abondante bénédiction sur notre nourriture. Année mil cent soixante-trois de l'émigration de celui qui est puissant et noble.

L'année hégirienne 1163 a commencé le 11 décembre 1749 et fini le 29 novembre 1750. Le local dont cette inscription rappelait la construction, a été démoli, et son emplacement, aujourd'hui compris dans des bâtisses provisoires, doit tomber en entier dans le périmètre de la place Bresson.

No 33. Inscription turque en quatre lignes divisées chacune en deux compartiments ; caractères creux remplis de plomb ; bon type oriental, bien exécuté. Plaque en marbre présentant 1m16 de largeur sur 0m64 de hauteur. (Inédite).

(*Indications du livret*, page 138). Inscription turque ; caractères en plomb. Acquise par échange, le 10 janvier 1855, de M. Roland de Bussy, directeur de l'imprimerie du Gouvernement.

زهى رواكارجده كاملك صواب * زهى موفق خير الأمور معمار

ايده حق روضه سين پرنور جلالى مرحومك

غزات مبينه مسكن ايچون قورمش بنيادى

منده حق مقاوار ايلسون ابراهيم بن خليل مدام

پرواز ايدر خيرانه هماوش هر صبح وشام

دار خيرانية يكن حضرت غازى حسين پاشاكم

يپد يروب اوده سنى رسم دلكش غازيلره اكرا

Cette inscription offre à la fin de la première moitié de la seconde ligne, un exemple de sigle excessivement rare en épigraphie arabe ou turque. Dans le mot مرحومك, le même trait sert à former la partie centrale et essentielle du و et du م. J'ai fait la lecture qui précède avec l'assistance d'El-Hadj Otsman (1), mais celui-ci n'a pu réussir à établir en arabe une traduction présentable, en sorte que je dois me contenter de publier le texte de cette épigraphe, bien exécutée et dont la lecture n'offre pas de difficultés. Tout ce que je crois pouvoir avancer, c'est qu'il s'agit de travaux effectués dans une caserne par Ibrahim ben Khelil, du temps de Hossaïn pacha. Il n'y a aucune date, mais la mention de ce dernier établit que l'inscription est postérieure à l'année 1818, époque de l'avénement de ce dey, qui fut le dernier souverain turc d'Alger.

Nº 34. Inscription turque en relief; quatre lignes rimées; bon type oriental, bien exécuté. Plaque en marbre mesurant 0m63 de largeur sur 0m63 de hauteur; l'angle inférieur de gauche est brisé. — M. Albert Devoulx, *Alger*.

(*Indications du livret.* Inscription en relief, dont le bas a été brisé

---

(1) Voir les explications que j'ai données au nº 13.

par un projectile. Mention de Mohammed Pacha. Etait au-dessus du bureau du caïd el-achour, dans la cour du magasin des grains d'achour, rue Jénina. Recueilli en février 1854 par M. Berbrugger).

تشييد اساس وتجديد لباس قلندى مخزن العشور

تحقيق تدقيق ترميم وتضعيف تطبيق تتميم اولندى معمور

چون محمد باشا انالہ اللّٰہ ما شا امريلہ درانشا اولہ ماجور

بقداى ارپا صلولہ مخزن مبرور........

Je traduis ainsi une version établie en arabe par feu Mohammed ben Otsman Khodja :

Ont été achevés le renouvellement de la construction et l'établissement solide des fondations du magasin de l'achour ;

Après que fut certaine et complète la restauration et qu'eut été parfait l'achèvement, il devint abondamment garni.

Sa construction a eu lieu par l'ordre de Mohammed Pacha, que Dieu lui fasse atteindre le but de ses désirs et le récompense ;

Puisse ce magasin, dû à une bonne action, être constamment rempli de blé et d'orge !.....

L'*achour* est l'impôt en nature perçu sur les céréales. Le local dans lequel on emmagasinait le produit de cette dîme, et dont provient l'inscription ci-dessus, a été démoli vers 1854.

No 35. Inscription turque en relief ; quatre lignes ; bon type oriental, bien exécuté. Plaque en marbre mesurant 0m44 de largeur sur 0m28 de hauteur. — M. Albert Devoulx, *Alger*.

(*Indications du livret*. Inscription en relief, provenant de l'ancienne fontaine de la zaouia dite El-Kechchache, rue des Consuls, en face de celle de la Licorne. Recueilli par M. Berbrugger, le 9 mars 1854).

عون حقيلہ اقيدن بوابى

بولہ قطرة سنہ يوز بيك ثوابى

دو شويدر تاريخنہ عقاد رضا

اجلسون كندويہ جنتك بانى سنة ١١٧٦

Je traduis ainsi une traduction faite en arabe par feu Mohammed ben Otsman Khodja :

Celui qui a fait couler cette eau, avec l'assistance de la Vérité (Dieu) ;
Recevra pour chacune de ses gouttes, cent mille récompenses ;
Sa date est (renfermée dans ces mots) : Son établissement attire la bénédiction,
Comme si elle faisait partie des bâtisses du paradis. Année 1176.

L'année 1176 a commencé le 23 juillet 1762 et fini le 11 juillet 1763. En ce qui concerne la zaouiat El-Kechache, dont cette inscription provient, je ne puis que renvoyer au chapitre XXXIII, page 87, de mes *Édifices religieux de l'ancien Alger*.

N° 36. Inscription arabe en relief ; 6 lignes ; type barbaresque ; médiocre. Plaque en marbre mesurant 0m86 de largeur sur 0m36 de hauteur. — M. Albert Devoulx, les *Édifices religieux de l'ancien Alger*, chapitre L, § 1er, page 157. — M. Albert Devoulx, *Alger*.

(*Indications du livret*. Inscription en relief qui était au-dessus de la porte de la mosquée des chaouchs (ancien corps-de-garde de la place). Datée de 926 (1520), avec mention de Kheïr-Eddin et de son père Yakoub. Remis par le génie, le 11 juillet 1855, ainsi que les numéros 37, 38 et 39, provenant du même endroit, etc.).

بسم آلله الرّحمن الرّحيم وصلى الله على سيّدنا محمّد
في بيوت اذن الله ان ترفع ويُذكر فيها اسمه يُسبح له فيها
بالغدوّ والاصال
أمر ببناء هذا المسجد المُبارك السلطان المُجاهد في سبيل
ربّ العالمين
مولانا خير الدّين ابن الامير الشهير المُجاهد ابى يوسف
يعقوب التركى

بلغه الله اقصى سؤله واعانه على جهاد عدو الله وعدو رسوله

بتاريخ اوايل جمادى الاولى من عام ستة و... رين وتسعماية

Je traduis ainsi :

Au nom de Dieu, clément et miséricordieux ! Que Dieu répande ses grâces sur notre seigneur Mohammed !

Dans les maisons que Dieu a permis d'élever pour que son nom y soit répété chaque jour au matin et au soir (1).

A ordonné la construction de cette mosquée bénie, le Sultan qui se consacre à la guerre sainte pour l'amour du Souverain de l'univers,

Notre maître Kheïr-Eddin, fils du prince célèbre, champion de la guerre sainte, *Abou Youssef*, Yacoub, le Turc.

Que Dieu réalise ses vœux les plus extrêmes et l'aide à combattre les ennemis de Dieu et les ennemis de son Envoyé.

A la date des premiers jours de djoumada 1er de l'an neuf cent vingt-six.

Le mot qui, dans la date, exprime les dizaines, est fruste. Mais il ne peut y avoir la moindre incertitude sur sa lecture, attendu que les lettres رين... qui sont seules restées distinctes, ne sauraient appartenir qu'au mot عشرين vingt. Cette date correspond à la période comprise entre le 19 et le 28 avril 1520. En ce qui concerne la mosquée à laquelle appartenait cette inscription, je ne puis que renvoyer au chapitre L, § 1er, de mes *Édifices religieux de l'ancien Alger*.

N° 37. Inscription arabe en relief ; très-mauvais type barbaresque ; très-mauvaise exécution. Plaque en marbre renfermant deux cartouches ovales, avec ornementation ; largeur totale :

---

(1) Coran, chapitre XXIV (la lumière), verset 36. — La citation est incomplète, car la fin de la phrase se trouve dans le verset 37 : « célèbrent ses louanges des hommes que le commerce et les contrats ne détournent point du souvenir de Dieu, de la stricte observance de la prière et de l'aumône. »

0^{m}99 ; hauteur totale : 0^{m}34 ; chacun des deux écussons contient cinq lignes rimant entr'elles et mesure 0^{m}26 de longueur sur 0^{m}19 de hauteur. — M. Albert Devoulx, *Alger*.

(*Indications du livret*. Inscription en relief, gravée sur un double écusson placé autrefois au-dessus de la grande porte sultane du vieux palais ou Jénina. On croit que cet écusson portait primitivement les armes d'Espagne. Datée de 1022 (1613), sous Hossaïn Pacha ; on y mentionne un émir Moussa ; en commémoration de la reconstruction de la porte du palais. Cette épigraphe fixe l'avènement de chah ou chikh Hossaïn, que quelques chronologies indigènes placent l'année suivante. L'émir Moussa, ou Maallem Moussa, ou Osta Moussa, est le célèbre réfugié andaloux à qui Alger doit, parmi d'importants travaux publics, ses plus anciennes conduites d'eau. Remis par le Génie en 1855).

حسين باشا المقتدا * وزير خنقار العمد

بوفق عسكر هذا * امر موسى المقتد

تجديد قمع للعدا * في باب سلطان البلد

فحياته مجددا * في طالع ينفي الحسد

تاريخه خير هدا * بقل هو الله احد

وهو ١٠٤٢

Hossaïn Pacha, qui sert de modèle, .·. vizir du Souverain (1) sur lequel tout s'appuie,

Avec l'assentiment des troupes de ce dernier (2), .·. a ordonné à Moussa (3), qui imite les exemples (que lui donne le Pacha),

Le renouvellement pour l'asservissement des ennemis, .·. de la porte du Sultan de la ville.

Son existence est renouvelée, .·. sous un heureux horoscope qui chassera l'envie.

---

(1) Le mot turc *khenkar* est le titre des empereurs ottomans.

(2) Les janissaires, qui, à cette époque, prenaient déjà une part active au gouvernement.

(3) Osta Moussa, réfugié andalou et maçon habile qui a attaché son nom à plusieurs constructions à Alger.

Sa date, bienfait de la direction droite (1), .·. est dans (les mots) : *dis : il est le Dieu unique* (2).

Et c'est : 1042.

Le chiffre qui occupe le rang des dizaines est fruste. Je crois y reconnaître un ۴ dont la partie supérieure manque, ce qui pourrait le faire prendre pour un ۲. J'hésite d'autant moins à adopter la date 1042 (3), que d'un côté le chronogramme annoncé donne précisément ce nombre, si l'on additionne les lettres de tous les mots qui suivent les mots تاريخه, seule manière d'arriver à un résultat admissible, et que, d'un autre côté, l'histoire nous apprend qu'à cette époque il y avait effectivement à Alger un pacha du nom de Hossaïn.

L'année 1042 a commencé le 19 juillet 1632 et fini le 7 juillet 1633. Le *livret* nous a déjà appris que cette inscription figurait au-dessus de la principale porte du palais des pachas, appelé par nous *Jénina*, nom qui signifie *petit jardin*, et qui s'appliquait, en réalité, à l'une des dépendances de cet édifice.

N° 38. Inscription turque et arabe en relief ; sept lignes ; mauvais type oriental ; exécution médiocre. Plaque en marbre mesurant 0m85 de largeur sur 0m62 de hauteur. — M. Albert Devoulx, *Alger*.

(*Indications du livret*. Inscription turque en relief, datée de 1122 (1710). Décret relatif à la disposition des biens de janissaires tués ou captifs. Remis par le Génie. Voir n° 36).

اللهم احفظنا بحفظك يا ناظر الخط الله عظيم الشان جمله مزه

خير اولانى ميسّر اتمش ايله

جزاير عسكرندن شهيد اولانلر يمز واسير دوشنلر يمزك وارثى

اولمدنجه اشيالرى قليل

---

(1) La vraie direction religieuse, celle que suivent les bons musulmans.

(2) Coran, chapitre CXII, verset 1er.

(3) On a vu que Berbrugger indique la date 1022.

وكثير بيت مال المسلمين كلوب صاتلوب تحصيل اولانی عددیله
مهرلنوب بدستان اینی عمراوغلی

يدنده امانت قونلوب صاحبی سلامتله کلد کده کند والیـه
الوب بـها سنه معيّن اوله وقرق

سنه دن صکره بیت المال اخد ایلیه هرکیم بوشیء بوزمسنه
سبب اولورسه لعنة الله عليه

لعنة الله عليه لعنة الله عليه والملائكة والناس اجمعين وكتب عن
اذن جملة جميع العسكر المنصور

بالله تعالى وذلك في اواخر رجب الاصب من عام اثنين
وعشرين ومائة والف ۱۱۲۲

Je traduis ainsi une traduction faite en arabe par feu Mohammed ben Otsman Khodja :

O mon Dieu ! conserve-nous par ta protection ! O vous qui regardez cette écriture, que Dieu, dont les œuvres sont immenses, vous facilite à tous l'accomplissement du bien ! Nous sommes les soldats d'Alger. Si l'un de nous meurt martyr (1), ou est fait prisonnier, sans qu'il ait un héritier, tout ce qui lui appartient sera apporté au beït-el-mal des musulmans (2), qui procèdera à sa vente. Le produit de cette vente sera compté, mis sous les scellés et déposé entre les mains de Ben Oumar (3), le directeur du badestan (4). Si le propriétaire est délivré et revient, il se

(1) C'est-à-dire *est tué dans la guerre sainte*, dans une guerre entreprise contre les infidèles.

(2) Administration chargée de recueillir les successions en déshérence.

(3) Le décret épigraphique oublie de mentionner les successeurs de cet administrateur.

(4) Marché aux esclaves chrétiens. C'était aussi dans ce bazar que s'opérait le partage des prises faites en mer. Son emplacement est compris dans la place *de la Pêcherie*, dont le nom devrait rappeler ce local de lamentable mémoire.

présentera en personne et recevra son bien, constaté et compté. S'il n'est pas revenu au bout de quarante ans, la somme sera encaissée par le beït-el-mal. Quiconque sera la cause de l'altération de ces dispositions, que la malédiction de Dieu soit sur lui, que la malédiction de Dieu soit sur lui, que la malédiction de Dieu soit sur lui, ainsi que celle des anges et de tous les hommes! Écrit par l'ordre de l'universalité de tous (*sic*) les soldats assistés par Dieu, qu'il soit glorifié! Et cela dans les derniers jours du mois de redjeb le sourd de l'année mil cent vingt-deux. 1122.

Cette inscription, dont la date est comprise entre le 14 et le 24 septembre 1710, était placée dans l'intérieur de la Jénina ou palais des pachas d'Alger. Il est probable que des soustractions commises au préjudice de janissaires disparus par suite des évènements de la guerre, avaient motivé ce décret de la milice, jugé assez important pour être gravé sur le marbre et exposé aux yeux de tous dans le siége même du gouvernement. La puissance de la milice était alors à son apogée, par suite d'un évènement que je rappelle au n° 39.

N° 39. Inscription turque en relief; trois lignes; type oriental, médiocre; exécution médiocre. Plaque en marbre mesurant 0m85 de largeur sur 0m30 de hauteur. — M. Albert Devoulx, *Alger*.

(*Indications du livret*. Inscription turque en relief, datée de 1122 (1710) et portant que tout fonctionnaire public qui malversera aura la tête pilée dans un mortier. Remis par le Génie. Voir n° 36).

وجزایر بکلریمزدن هرکیم نیت ایله خدمت اتمیوب لزمه ایله قچر ایسه

صکره دوتلر ایسه باشی دیبکده ازیلوب انوک امثالنه لعنت اوقنوب

بردخی بکلک ویرملیه دیو اتفاق ایله بوموضعه کتب اولندی ۱۱۲۲

Je traduis ainsi, d'après feu Mohammed ben Otsman Khodja :

Celui de nos beys (1), à Alger, qui ne servira pas avec dévouement, ou qui prendra la fuite en emportant le tribut (2), aura la tête pilée dans un mortier, quand on le saisira. Quiconque commettra un acte se rapprochant de cela, sera maudit, et on ne lui accordera plus un emploi dans le gouvernement. Voilà ce qui a été arrêté de l'avis général, et cela a été écrit en cet endroit. 1122.

Cette inscription, dont la date est comprise entre le 2 mars 1710 et le 18 février 1711, était encastrée, comme la précédente, dans l'intérieur de la Jénina ou palais des pachas. La question financière était la grande préoccupation des chefs de la Régence, bien plus soucieux de s'enrichir que de faire prospérer le pays dont l'administration leur était confiée. Il fallait aussi et surtout songer à ne pas laisser en souffrance la paie des janissaires, car ces derniers n'entendaient pas raison sur ce chapitre et accueillaient le moindre retard par des révoltes dans lesquelles le malheureux débiteur laissait ordinairement sa vie. On comprend que le Dey, sollicité par le sentiment de sa conservation et par ses intérêts, usât à son tour de moyens violents pour raffermir la probité chancelante de ses agents. C'est pour rappeler à tous leurs devoirs, qu'on avait jugé à propos de confier au marbre les mesures arrêtées pour la punition des coupables. Cette proclamation épigraphique et comminatoire, placée en évidence dans la résidence du chef de l'Etat, est un trait de mœurs très-curieux. Un exemple récent était alors dans toutes les mémoires et explique cette colère. Vers la fin de 1709, le bey de Constantine, qui devait apporter à Mohammed Baktache un tribut de 20,000 piastres, s'était enfui avec toutes ses richesses, et le malheureux Dey paya de sa vie, en mars 1710, le retard que la paie des janissaires avait éprouvé par le fait de ce détournement.

---

(1) Gouverneurs de provinces. Il y en avait trois : celui de Constantine, celui d'Oran et celui de Tittery. Ils apportaient chaque année ou envoyaient au pacha par leur khelifa (lieutenant) une forte redevance.

(2) C'est la redevance dont il est question dans la note ci-dessus.

Il semblerait, d'ailleurs, que ce décret marmoréen ait été rédigé au nom et sous l'inspiration de la milice, devenue omnipotente par suite d'une révolution qui introduisait une nouvelle et dernière modification dans la forme du gouvernement de la Régence. Ali Chaouch, élu le 14 août 1710 (1), obtint de la Sublime-Porte qu'elle n'enverrait plus de pacha à Alger, et qu'elle confèrerait au Dey lui-même, c'est-à-dire au chef élu par la milice, le titre et les fonctions de pacha. Bien que la Régence restât, au moyen de cette investiture, sous le patronage de la Turquie, celle-ci perdit, par suite de cette innovation, tout contrôle et toute autorité directe. Du reste, si les Deys s'étaient affranchis de la tutelle peu gênante de la Sublime-Porte, ils ne purent échapper au joug autrement redoutable de leurs terribles électeurs, et le caftan de pacha ne les garantit pas des coups de la milice, qui resta, en définitive, la souveraine absolue, jusqu'au moment où Ali Pacha eut l'ingénieuse idée, en 1818, de se réfugier dans la citadelle.

N° 40. Inscription arabe en relief; six lignes; type oriental; médiocre. Plaque en marbre mesurant 0m50 de largeur sur 0m495 de hauteur. (Inédite).

(*Indications du livret*. Inscription en relief datée de 1123 (1711), et provenant d'une construction élevée par Ali Dey Ibn Hossaïn Soukali. Acquis le 15 janvier 1855).

الحمد لله هاذا بناء مبارك بديع في غاية
الاتقان وحسن الصنيع احدثه الامير
الهمام فخر الامراء الكرام المايد بعناية
الملك العلام على داى ابن حسين سوكلى
كان الله له ولى وذلك بتاريخ ربيع
الثانى من عام ثلاثة وعشرين ومائة والف ١١٢٣

(1) Il semble probable que l'inscription n° 39 a été faite en même temps que la précédente (n° 38), laquelle est du mois de septembre 1710.

Louange à Dieu. Ceci est une construction bénie, merveilleusement élevée avec le plus grand art et élégance. Elle a été édifiée par le prince magnanime, illustration des grands princes, assisté par la grâce du Souverain, du Très-Savant (Dieu), Ali Dey, fils de Hossaïn Soukali. Que Dieu soit son protecteur. Et cela à la date de rebi' 2e de l'année mil cent vingt-trois. 1123.

Il m'a été impossible de constater à quel édifice avait appartenu cette inscription, dont la date est comprise entre le 19 mai et le 16 juin 1711.

No 41. Inscription turque en relief; lignes enchevêtrées; type oriental, assez bon. Plaque en marbre mesurant 0m495 de largeur sur 0m495 de hauteur. (Inédite).

(Indications du livret. Inscription en relief, portant la même date que le n° 40 et mentionnant le même pacha. Même provenance).

اشبو دار الجهاد محروسة جزاير تعمير بنا دابوانی فی زمان
السلطان ابن السلطان احمد خان خاقانی شهرتمه دليل اولد
عصر حكمنده سوكلی علی دای بيك يوزيكرمی اوچ تاريخنده
تكميل اولدی بنيادی فی غرة شهر مولد النبی الهادی بتاريخ
سنة ١١٢٣

A été élevée cette construction, à Alger, la protégée (de Dieu), boulevard de la guerre sainte, du temps du sultan fils de sultan Ahmed khan (1), le khakani (2), sous le commandement de celui qui est célèbre dans son siècle, Soukali Ali Dey, en l'année mil cent vingt-trois. Cette bâtisse a été achevée lors de la nouvelle lune du mois de la naissance du Prophète, le guide (des fidèles), de l'année 1123.

Il m'a été impossible de reconnaître à quel édifice avait appar-

---

(1) Khan est le titre des empereurs ottomans.
(2) Adjectif relatif de khakan, qui est aussi le titre des empereurs turcs; cela signifierait donc l'*impérial*.

tenu l'inscription ci-dessus, dont la date correspond à une période comprise entre le 19 et le 22 avril 1711. Quant au dey Ali, j'en ai parlé au n° 39.

N° 42. Inscription arabe en relief; quatre lignes, plus la date; bon type oriental. Stèle en marbre, avec fleurs sculptées sur la face postérieure; largeur : 0m28 (sans la bordure); hauteur (de la partie écrite, non compris la date) : 0m58. (Inédite).

(Indications du livret. Stèle de Mohammed Pacha ben Beker. Epitaphe datée de 1168 (1754). Donné en 1855 par Mgr Pavy, évêque d'Alger).

هذا قبر المرحوم

بكرم الحى القيوم

محمد باشا بن بكر رحمة الله عليه

وكان حاكمًا للجزاير عامًا سبعة

سنة ١١٦٨

Ceci est le tombeau de celui auquel il a été fait miséricorde
par la bonté du Vivant, du Subsistant,
Mohammed Pacha, fils de Beker. Que la miséricorde de Dieu soit sur lui!
Il a été gouverneur d'Alger pendant sept ans.
Année 1168.

Mohammed, précédemment khodjet el-khil (1), et surnommé *Il retorto*, fut élu, le 3 février 1748, en remplacement du pacha Ibrahim, mort d'apoplexie. Il était poète et homme de bien. Mais la France n'eût pas à se louer beaucoup de ses procédés. C'est sous son règne, en 1753, qu'eût lieu le supplice du capitaine français Prépaud, mort sous le bâton pour avoir combattu

(1) C'était le titre d'un des hauts fonctionnaires de la Régence, dans les attributions duquel se trouvaient les transports militaires et la gestion de certaines propriétés de l'Etat.

un corsaire algérien (1). Ce pacha fut assassiné le 11 décembre 1754, au moment où il présidait la solde des janissaires, ainsi que le rappelle l'article que j'ai publié dernièrement dans la *Revue africaine* (t. XVI, p. 321).

L'année hégirienne 1168, indiquée dans l'épitaphe ci-dessus, a commencé le 18 octobre 1754 et fini le 6 octobre 1755.

N° 43. Inscription arabe en relief ; quatre lignes ; jolis caractères orientaux ; exécution passable. Stèle en marbre ; bordure consistant en une espèce de chapelet formé d'oves dont chacune a la forme d'un œuf tronqué à ses extrémités ; largeur : 0m275 ; hauteur (de la partie écrite) : 0m45. (Inédite).

(Indications du livret. Marbre tumulaire de Soultana, fille d'Abdi Pacha, daté de 1171 (1757). Voir les nos 4 et 8).

هذا قبر المرحومة

بعناية الله والرحمة

السيدة سلطانة

بنت عبدى پاشا سنة ١١٧١

Ceci est le tombeau de celle à qui il a été fait miséricorde
par la grâce de Dieu et la clémence divine,
la dame Soltana, fille d'Abdi Pacha. Année 1171.

L'intérêt historique de cette épitaphe est bien faible, puisqu'il ne s'agit que de la fille du pacha Abdi. L'épitaphe de celui-ci fait l'objet du n° 8 de mon présent travail. Quant à l'année hégirienne 1171, indiquée ci-dessus, elle est comprise entre le 15 septembre 1757 et le 3 septembre 1758.

N° 44. Inscription turque en relief ; trois lignes divisées en deux parties, plus la date ; caractères orientaux, médiocres. Pla-

(1) Voir mes *Archives du Consulat de France à Alger*, et l'article que j'ai publié dans la *Revue africaine*, tome XVI, page 161.

que en marbre ; largeur : 0m675 ; hauteur : 0m35. — M. Albert Devoulx, *Alger*.

(*Indications du livret*. Inscription turque datée de 1005 (1596) et mentionnant Moustafa Pacha. Ce gouverneur dont le nom plein est Moustafa ben Kiaïa pacha, administra le pays du mois de juillet 1595 au mois d'octobre de la même année. Provenant de la caserne Médée et remis par le Génie en 1855).

مراد مصطفى پاشاى هركاه

مقصودنه ويروب اركور الله

غزاة دين ايچون بر باب يابدى

رعنا عجب كورن دراولمز اشباه

هاتف ديدى بق ذاعى دى نه تاريخ

بونك كه نام باب نصرة الله

سنة ١٠٠٥

Je traduis ainsi une traduction faite en arabe par feu Mohammed ben Otsman Khodja :

Que Dieu exauce les vœux de Mustapha Pacha, à chaque moment, .·. et réalise tous ses désirs ;

car il a construit pour les guerriers de la Foi, une porte dont la beauté est extraordinaire. .·. Quiconque la voit, s'écrie : elle n'a point de pareille !

Celui qui l'admirait a dit : regarde, ô ami de la religion. .·. Sa date est : ceci est la porte de l'assistance de Dieu !

Année 1005.

L'année hégirienne 1005 a commencé le 25 août 1596 et fini le 13 août 1597. La caserne dont provient cette inscription était appelée la *vieille caserne de janissaires* (دار الانچشايرية القديمة) et aussi *el foukaniya* (الفوقانية), la supérieure, de sa position relativement à une autre caserne contiguë. On voit qu'il n'est question que d'une porte dans l'épigraphe ci dessus. La caserne existait donc antérieurement aux travaux que rappelait ce document. Deux inscriptions étaient placées sur cette porte : celle qui fait l'objet de cette notice et une inscription arabe, datée de 1047 (1637) et encore en place.

N° 45. Inscription arabe en relief ; trois lignes, plus la date ; type oriental bon. Espèce de fer à cheval ou de fronton évidé à sa base ; en marbre ; plus grande largeur : 0m93 ; hauteur prise au milieu : 0m53. — M. Albert Devoulx, *Alger*.

(*Indications du livret*, Inscription turque datée de 1174 (1760) et mentionnant Ali Pacha. Même provenance que le n° 44).

١١٧٤

جا قدر العين من على باشا

ربنا اجعل له سعيه مشكور * واشرب من مايها واقرا التاريخ

يطيب حياتنا شراب طهور * سنة اربعة وسبعين وماية والف

1174.

L'abondance de cette fontaine est l'œuvre d'Ali Pacha.

O notre Souverain, fais que son entreprise soit récompensée ! ∴ . Bois de son eau et lis la date.

Elle procure une vie heureuse ; c'est une boisson pure. Année mil cent soixante-quatorze.

Quoiqu'en ait dit Berbrugger, cette inscription est bien arabe et non turque. La caserne où se trouvait placée la fontaine à laquelle appartenait cette plaque, est celle que j'ai mentionnée au n° 44. Quant à l'année 1174, elle a commencé le 13 août 1760 et fini le 1er août 1761.

N° 46. Inscription arabe en caractères creux remplis de plomb ; quatre lignes, dont deux au-dessus et deux au-dessous d'un *sceau de Salomon* (1) exécuté en creux rempli de plomb et ren-

(1) L'anneau de Salomon se compose de deux triangles entrecroisés. Voir la figure C du tableau que j'ai joint à mon article sur les *Chiffres arabes*, page 456 du tome 16 de la *Revue africaine*.

fermant un croissant; type barbaresque, mauvais; mauvaise exécution. Plaque en marbre, mesurant 0m65 de largeur sur 0m66 de hauteur. — M. Albert Devoulx, les *Edifices religieux de l'ancien Alger*, chapitre L, page 159. — Le même, *Alger*.

(*Indications du livret*. Inscription à lettres en plomb, relative à l'école fondée en 1125 (1713), par Ali Pacha et appelée msid djebbana Ali Pacha (école du cimetière d'Ali Pacha), près de l'Evêché. Cette école est démolie depuis plusieurs années).

الحمد لله امر ببناء هذا المكتب

الامير المفخم السيّد على باشا نصره الله

اوايل في شهر صفر سنة ١١٢٥

عام خمسة وعشرين ومائة والف

Louange à Dieu ! A ordonné la construction de cette école .·. le prince considérable, le seigneur Ali Pacha, que Dieu l'assiste ! Premiers jours du mois de safar de l'année 1125 .·. an mil cent vingt-cinq (Soit du 27 février au 8 mars 1713).

En ce qui concerne l'école dont provient cette inscription, je ne puis que renvoyer à la page 159 de mes *Edifices religieux de l'ancien Alger*.

N° 47. Inscription arabe en relief; quatre lignes; type oriental; médiocre. Stèle en marbre; largeur : 0m40; hauteur (de la partie écrite) : 0m47. (Inédite).

(*Indications du livret*. Epitaphe en relief de Sliman, ancien khodjet el-khel (écrivain de la cavalerie), mort en 1216 (1801). Acheté.)

في سنة ١٢١٦

هذه قبر المرحوم بكرم

الحى القيوم سليمان خواجه

خواجه الخيل كان

En l'année 1216.

Ceci est le tombeau de celui auquel il a été fait miséricorde par la bonté

Du Vivant, du Subsistant, Sliman Khodja,

Qui avait été khodjet el-khil.

Le *Khodjet el-khil* (écrivain aux chevaux) était un fonctionnaire ayant dans ses attributions les transports à faire pour les besoins de l'armée. Le titre indiqué fautivement par Berbrugger (el-khel), signifierait *écrivain du vinaigre*, ce qui ne serait pas du tout la même chose. Quant à l'année 1216, elle a commencé le 14 mai 1801 et fini le 3 mai 1802.

N° 48. Inscription arabe en relief ; trois lignes, type oriental, médiocre. Plaque en marbre mesurant 0m33 de largeur sur 0m29 de hauteur. (M. Albert Devoulx. *Alger*).

(Indications du livret. Inscription en relief provenant d'une fontaine élevée, en 1218 (1803), par Moustapha Kheznadji Kazdali).

قد امر ببناء هذه العين على سبيل الخيرات

والحسنات الراجى عفو ربه الناجى عبده السيد

مصطفى قازدعلى خزناجى سنة ١٢١٨

A ordonné la construction de cette fontaine, pour suivre la voie des bienfaits

Et des bonnes œuvres, celui qui espère en la clémence de son Souverain le Sauveur, son adorateur, le seigneur

Moustafa Kazedali, Kheznadji. Année 1218.

Le kheznadji, ou grand trésorier, était le plus élevé des dignitaires de la Régence. Comme son titre l'indique, la principale de ses attributions était la direction de toutes les opérations financières. Il rendait la justice dans certains cas, et suppléait même, parfois le pacha, dans des affaires politiques, judiciaires, diplomatiques ou administratives.

L'année 1218, indiquée ci-dessus, a commencé le 23 avril 1803 et fini le 1: avril 1804. Les recherches que j'ai effectuées au sujet de la topographie de l'Alger turc m'ont permis de constater que la fontaine à laquelle appartenait cette inscription s'appelait du nom du quartier, *Aïn bab es-Souk* (la fontaine de la porte du marché), et était située dans la rue du Soudan, près du cimetière dit *djebbanet Ali pacha*, à la hauteur de la rue Bruce actuelle. Cette fontaine est détruite depuis longtemps.

N° 49. Inscription turque en relief ; sept lignes ; type oriental, médiocre. Plaque en marbre mesurant 0m49 sur 0m49. (Inédite).

(*Indications du livret*. Inscription en relief relative à la grande fontaine de Médéa, bâtie par Ahmed khodja en 1238 (1822).

مساعی دائما خیراته احمد خواجه بل ابا

محسن یا بد یروب بو عین الکبیری ایلدی احیا

دعائی خیریله کم بانی ایدرسه نوش ایدوب ابین

شفاعت ایده محشرده حبیبی حضرة مولا

انک بو کبیرنی هم اهلی بیتی محصنه خاتون

که بنیان ایتدی چون داریندده اولسون شان وحرّم تا

چولطفی حق ایله بنیان لری اولد غیچون تا اولبدر تاریخانی

غین وراولام وحاجانا سنة ١٢٣٨

Je traduis ainsi, d'après une version faite en arabe par feu Mohammed ben Otsman khodja.

Celui qui se consacre incessamment à de bonnes actions, Ahmed Khodja, a fait construire, dans sa munificence, cette grande fontaine et l'a fait couler. Que celui qui fait bâtir pour obtenir des actions de grâces, établisse une fontaine semblable à celle-ci. Son eau est comme du miel. Qu'au jour de la réunion du genre humain, l'Ami (Mahomet) intercède auprès du Maître (Dieu), pour notre chef, dont il est question, et pour l'habitante de sa demeure, la dame vertueuse. Que de constructions il a fait élever dans l'intention de se procurer le respect et les honneurs dans ce monde et dans l'autre ! Grâces soient rendues au Bon (Dieu), qui lui a permis de terminer sa bâtisse, dont la date est (contenue dans les lettres suivantes) : غين وراولام وحاجانا. Année 1238.

D'après Mohammed ben Otsman khodja, les mots que je me suis borné à transcrire n'offrent aucun sens et renferment un chronogramme. Je laisse, bien entendu, à mon collaborateur la responsabilité de la première assertion. Quant à la seconde, je puis dire que, l'addition des lettres composant les mots inexpliqués, ne m'a pas donné un résultat satisfaisant. L'année hégirienne 1238, heureusement indiquée en chiffres, est comprise entre le 18 septembre 1822 et le 6 septembre 1823. Le livret explicatif nous apprend, d'ailleurs, que cette inscription figurait sur la grande fontaine de Médéa.

N° 50. Inscription arabe en relief ; quatre lignes ; bon type oriental. Plaque en marbre mesurant 0m31 de largeur sur 0m31 de hauteur. (Inédite).

(*Indications du livret*, page 139. Inscription en relief provenant de la mosquée du moulin de Sidi Mohammed Cherif, relative à des réparations faites en 1255 (1839) par Ali ben en-Nedjar, chaouche de ce marabout. Donné par le dit chaouche).

مصلح هذا المسجد اراد به وجه الله

لان فاعل الخير لا يضيعه الله

مصلحه على بن احمد النجار شاوش سيدى امحمد الشريف

بالأجر والثواب عوضه الله سنة ١٢٥٥

Celui qui a réparé cette mosquée, l'a fait pour mériter la satisfaction de Dieu,

Car Dieu n'abandonne point celui qui accomplit le bien.

Celui qui l'a réparée est Ali fils d'Ahmed en-Nedjar (le menuisier), chaouche de Sidi Mohammed ech-Cherif (1).

Que Dieu lui donne en échange la récompense et la rétribution. Année 1255.

La mosquée dont il est question dans cette épigraphe est celle qui portait les noms de ***Mesdjed el-Hammamats*** et de ***Mesjed Abd Errahim***, laquelle sise à l'angle des rues des Abdérahmes et Damfreville, a été démolie en 1850 et forme l'objet du § 1er du chapitre XCIII (page 246) de mes ***Édifices religieux de l'ancien Alger***. La restauration rappelée était récente puisque l'année 1255 a commencé le 17 mars 1839 et fini le 4 mars 1840.

No 51. Inscription arabe en relief; sept lignes ; type oriental ; médiocre. Colonnette en marbre, avec turban de pacha ; hauteur totale : 0m70 ; grosseur : 0m46 ; le turban a une hauteur de 0m23 et une circonférence de 0m90 ; la colonnette repose sur une base carrée, en marbre, mesurant 0m35 sur 0m28, et ayant 0m29 d'épaisseur ; la partie écrite a 0m45 de hauteur et 0m09 de largeur. (Inédite).

(*Indications du livret*, page 126. *Mchahad* ou stèle de pacha, ce qui se reconnaît à la forme du turban et à l'aigrette. On y lit la profession de foi musulmane en relief).

لا اله

الا الله

محمد

رسول

الله

صلى الله

عليه وسلم

Il n'y a de dieu que Dieu. Mohammed est le prophète de Dieu. Que Dieu répande ses grâces sur lui et lui accorde le Salut !

---

(1) Etablissement religieux sis à Alger, à l'angle des rues Kléber et du Palmier.

N° 52. Inscription arabe en relief ; trois lignes ; type oriental ; médiocre. Stéle en marbre, cassée en deux tronçons ; hauteur : 0m39 ; largeur : 0m215. (Inédite).

(*Indications du livret*, page 142. Profession de foi gravée en relief sur un *mchahad* ou stèle).

لا اله الا الله
محمد رسول الله
كل نفس ذائقة الموت

Il n'y a de dieu que Dieu.
Mohammed est le prophète de Dieu.
Toute âme goûtera de la mort (1).

N° 53. Inscription arabe en relief ; détériorée ; quatre lignes, dont les trois dernières ont la même terminaison ; type oriental, bon. Stèle en marbre ; largeur : 0m33 ; hauteur (de la partie écrite) : 0m39. (Inédite).

(*Indications du livret*, page 141. Profession de foi suivie d'une sentence religieuse, dont le sens est : « O toi qui t'arrêtes devant mon tombeau, ne t'étonne pas de mon destin : ce qui m'est arrivé hier t'arrivera demain. »)

لا اله الا الله محمد رسول الله
يا واقفا على قبرى
لا تتعجب في امرى
بالامس كنت مثلك وغدا تصير مثلى

Il n'y a de dieu que Dieu, Mohammed est le prophète de Dieu.
O toi qui t'arrêtes devant ma tombe,
ne t'étonne pas de ce qui m'est arrivé :
hier j'étais comme toi, demain tu deviendras comme moi.

---

(1) C'est-à-dire tout homme mourra. C'est un passage du Coran. Voir le n° 67.

N° 54. Inscription arabe en relief ; huit lignes, dont six ont la même terminaison ; bordure en arabesques ; type barbaresque, médiocre ; exécution médiocre ; plaque en marbre, mesurant 0m50 sur 0m50. Cette tablette a été cassée en plusieurs morceaux ; les deux principaux fragments ont été réunis et placés dans un cadre en bois, mais il y a plusieurs lacunes. (M. Albert Devoulx, *Alger*).

(*Indications du livret*, page 138. Partie supérieure gauche d'une inscription en relief, avec emploi de l'or, du rouge, du vert et du noir sur les arabesques, bordure, lettres et entre-lettres (1). Provenant de la mosquée de Sidi Abderrahman et-Tsalebi. Acquis d'un européen. Une autre partie de cette même inscription a été donnée plus tard par M. Serpolet, architecte voyer).

Cette inscription n'est autre chose que la copie épigraphique d'une pièce de vers composée à la louange de Sidi Abd Errahman et-Tsa'lbi, célèbre marabout, dans la chapelle duquel elle devait évidemment être placée avant de tomber entre les mains des modernes Vandales qui l'ont mutilée. J'ai pu combler les lacunes qu'elle présente en consultant une copie manuscrite de ce panégyrique (mad'h) qui est psalmodié souvent sur la tombe du saint ; cette copie, d'une date assez récente, est encadrée et suspendue près de la châsse. Il y a entre l'exemplaire sculpté et l'exemplaire manuscrit quelques variantes que je vais faire ressortir en donnant le texte de l'inscription.

بسم الله الرّحمن الرّحيم * وصلّى الله على سيّدنا محمد (1)

اذا رُمْت ان تحضى (2) بنَيل المطالب *

فزر قبر تاج العَارفين التعالبى (3)

---

(1) Cette peinture n'est plus apparente. A. D.

(1) Cette ligne ne se trouve pas dans le tableau manuscrit.

(2) Orthographe fautive pour تحظى, mot qui se trouve dans le manuscrit.

(3) Emploi fautif d'un ت au lieu d'un ث ; le manuscrit donne la vraie orthographe.

ملاد (1) مُرَبّ قدوة ملجاء (2) هدى * امــام حبـاه الله كـل الـمواهب
بـه رفـع الله الجزائـرَ مـشرقـا * وغـربـا فـلازم قبْرهُ في النوايب
فكم عقدا (3) قد حلها وازاحها (4) * وَفرّجها من بعد ضيق المذاهب
وقـد قـال بعضُ العارفين مجرّبا * زيارته تاتى بازكى المنا (رب) (5)
فيَا رَبّ بلِغ سُؤل من جَاء زايرًا * (وب)لغهُ من داريْه (كل المطالب)
توفى ابق الله اشراق نوره ..... (6)

Je traduis ainsi :

Au nom de Dieu, le clément, le miséricordieux. .·. Que Dieu répande ses grâces sur notre seigneur Mohammed !

Quand tu souhaites ardemment d'obtenir l'objet de tes désirs, .·. visite le tombeau de la couronne des savants, le tsa'lebi (7).

Il est une citadelle (8), un instructeur (9), un modèle, un refuge, une direction (10), .·. un imam (11), que Dieu lui accorde toutes les faveurs !

---

(1) Un د pour un ذ, faute que ne commet pas le manuscrit.

(2) Dans le manuscrit ملجاء est placé avant قدورة.

(3) Le manuscrit emploie la forme عقدة qui est la bonne.

(4) Dans le manuscrit on trouve la variante وازالها, qui parait préférable, bien que le sens soit le même.

(5) Cette ligne ne se trouve pas dans le manuscrit. Les diverses restitutions que j'y ai faites ne sont donc qu'hypothétiques. La lecture de certains mots offre quelque incertitude.

(6) Cette ligne ne figurant pas sur le manuscrit, je ne puis restituer le passage que renfermait le morceau de plaque qui manque.

(7) Le marabout Sidi Abderrahman appartenait à la tribu des Ta'lba, qui dominait jadis dans la Mitidja et qui était anéantie lorsque la domination turque commença en Algérie.

(8) Ce qui protège quelqu'un et fait sa force.

(9) Qui donne l'éducation, qui instruit et dirige.

(10) Ce qui sert à guider quelqu'un et à lui montrer le bon chemin, surtout en matière de religion.

(11) Chef, guide ; et aussi celui qui récite les prières au peuple, par délégation de l'imam suprême, successeur de Mahomet.

Par lui, Dieu a rendu Alger célèbre au Levant .·. et à l'Occident. Dans les malheurs, son tombeau est donc indispensable.

Que de difficultés il a résolues, fait cesser .·. et dissipées, malgré les obstacles.

Quelques personnes qui le savaient par expérience, ont dit : .·. son pélerinage procure la plus pure des prospérités.

O mon Dieu, réalise donc les vœux de celui qui vient le visiter, .·. et accorde lui dans ses deux vies (1), toutes ses demandes.

Il est décédé, que Dieu perpétue l'éclat de sa lumière.... (2).

En ce qui concerne le marabout Sidi Abd Errahman et-Tsa'lebi et son établissement, je ne puis que renvoyer au chapitre VII (page 37) de mes *Edifices religieux de l'ancien Alger*.

N° 55. Inscription arabe en relief; quatre lignes ; beau type oriental. Stèle en marbre avec fleurs sculptées derrière ; largeur : 0m27 ; hauteur (de la partie écrite) : 0m55. (Inédite).

(*Indications du livret*, page 142. Profession de foi gravée en relief sur un mchabad).

لا اله الّا الله

محمد رسول الله

الصادق الامين

صلى الله عليه وسلم تسليما

Il n'y a de dieu que Dieu,
Mohammed est le prophète de Dieu ;
Il est sincère, digne de confiance ;
Que Dieu répande ses grâces sur lui et lui accorde le Salut !

N° 56. Inscription arabe en relief ; sept lignes ; mauvais type. Colonnette en marbre, à plusieurs pans, cassée dans la partie supérieure ; hauteur : 0m56 ; grosseur : 0m38 ; base carrée, mesurant 0m22 sur 0m23 et ayant 0m14 d'épaisseur. (Inédite).

---

(1) Dans la vie d'ici-bas et dans la vie future.

(2) Cette ligne ne se trouvant pas dans la poésie manuscrite, il m'est impossible de restituer le passage gravé sur le morceau de plaque qui manque.

(*Indications du livret*, page 142. Pilastre en marbre portant en relief la profession de foi).

لا الـه
الا الله
الملك الحق
المبين محمد
رسول
الله نـفـا
عـنـا

Il n'y a de dieu que Dieu, le Souverain, la Vérité, l'Evident. Mohammed est le prophète de Dieu. Qu'il nous soit utile.

N° 57. Inscription arabe en relief ; type oriental ; mauvais. Colonnette octogone, en marbre, cassée dans la partie supérieure ; hauteur : 0m64 ; grosseur : 0m33. (Inédite).

(*Indications du livret*, page 142. Pilastre en marbre portant en relief la profession de foi).

Sur deux des pans, la profession de foi mahométane est répétée, chaque ligne ne contenant qu'un mot.

لا
اله
الا
الله
محمد
رسول
الله

Il n'y a de dieu que Dieu, Mohammed est le prophète de Dieu.

N° 58. Inscription arabe en relief ; type barbaresque, très mauvais. Partie supérieure d'une stèle en marbre avec arabesques derrière ; largeur : 0m18 ; hauteur : 0m37. (Inédite).

(*Indications du livret*, page 142. Mchahad avec arabesques).

Voici ce que j'ai pu lire sur cette épitaphe mal écrite et en partie fruste :

هذا قبر المرحومة

بكرم الله و.......

احمد بن العيد....

بن مام كهيا....

. . . .

Ceci est le tombeau de celle qui a été pardonnée par la bonté de Dieu et ...... Ahmed fils d'El-Aïd ...... fils de Mami Kahia ......

N° 59. Inscription arabe en relief ; cinq lignes ; type oriental ; bon. Stèle en marbre surmontée d'un croissant dont la corne droite est brisée ; largeur sans la bordure : 0m27 ; hauteur (de la partie écrite) : 0m52 ; arabesques dans la partie postérieure. (Inédite).

(*Indications du livret*, page 142. Mchahad surmonté d'un grand croissant brisé, avec profession de foi).

لا إله الا الله

الملك الحق

المبين محمد

رسول الله صادق

الوعد الامين

Il n'y a de dieu que Dieu,
Le Souverain, la Vérité
évidente. Mohammed
est l'envoyé de Dieu ; il est sincère dans ses promesses, digne de confiance.

N° 60. Inscription arabe en relief; quatre lignes; type barbaresque, mauvais, enjambement entre la première ligne et la seconde. Stèle en marbre; largeur : 0m21; hauteur (de la partie écrite) : 0m35 (Inédite).

(*Indications du livret*, page 141. Les deux stèles du tombeau d'un Hassan (1). Epitaphe et profession de foi).

هذا قبر المرحو

م بكرم الله حسن (2)

باشه رحمه الله ورجيم *(sic)*

المسلمين اجمعين

Ceci est le tombeau de celui à qui il a été pardonné par la bonté de Dieu, Hassan Pacha. Que Dieu lui fasse miséricorde et fasse miséricorde à tous les musulmans!

L'absence de date enlève à cette épitaphe de pacha l'importance qu'elle aurait sans cette négligence. En l'état, il est impossible d'indiquer avec certitude quel est le pacha auquel s'applique cette inscription, qui doit être assez ancienne à en juger par sa ressemblance avec des épitaphes remontant aux premiers moments de la domination turque en Algérie. L'autre stèle de cette tombe fait l'objet du n° suivant.

N° 60 bis. Inscription arabe en relief; quatre lignes; type barbaresque, mauvais. Stèle de tête d'une tombe, dont la stèle de pieds forme l'objet du n° 60. (Inédite).

---

(1) Berbrugger n'a pas remarqué qu'il s'agissait d'un pacha; cependant le mot باشه est parfaitement lisible. A. D.

(2) Sous le mot حسن, il y a un caractère qui semble un ف ou un ق, mais qui pourrait aussi figurer un و, attendu l'irrégularité du type. Il m'a été impossible de donner à cette lettre un rôle rationnel dans la phrase, et je pense que c'est simplement une floriture inventée par l'ouvrier pour remplir un vide trop grand.

لا اله الا الله

محمد رسول الله

الصادق الامين

صلى الله عليه وعلى اله.

Il n'y a de dieu que Dieu ; Mohammed est le prophète de Dieu ; il est sincère, digne de confiance. Que Dieu répande ses grâces sur lui et sur sa famille.

N° 61. Débris de pierre tumulaire sans inscription.

(Indications du livret, page 142. Fragments de mchahad).

N° 62. Globe en marbre ayant une circonférence de 0m93 ; sans inscription.

(Indications du livret, page 139. Globe en marbre avec des espèces de méridiens et un équateur en relief. Provenant de la caserne Médée).

N° 63. Stèle en ardoise, cassée dans sa partie supérieure, dont il reste une portion offrant des arabesques ; nulle trace d'inscription contrairement à l'assertion du livret ; largeur : 0m32 ; hauteur (du fragment de la partie sculptée) : 0m23.

(Indications du livret, page 142. Mchahad en ardoise, avec profession de foi.)

N° 64. Inscription arabe en caractères coufiques ; relief assez faible, quatre lignes ; fioritures ; en mauvais état. Tablette en marbre mesurant 0m33 de largeur sur 0m22 de hauteur. (Inédite).

(Indications du livret, page 141. Inscription en caractères coufiques, provenant de Bougie. Acheté en 1855).

J'allais entreprendre de déchiffrer cette inscription, d'une lecture très-difficile, lorsque M. Richebé, professeur à la chaire d'arabe d'Alger, en fit la copie ci-après, dont j'eus connaissance par M. Mac Carthy, conservateur-administrateur de la Bibliothèque et du Musée. Je ne puis mieux faire que de me borner à reproduire la leçon du savant professeur.

بسم الله الرحمن الرحيم وصلى الله على محمد (1)
كل من عليها فانٍ هذا قبر ابى بكر
بن يوسف توفى رحمه الله في شهر ربيع
الاول عام اثنى عشر وخمسماية

Je traduis ainsi :

Au nom de Dieu clément et miséricordieux, que Dieu répande ses grâces sur Mohammed.

Tous ceux qui sont sur elle (sur la terre), doivent mourir. Ceci est le tombeau d'Abou Beker, fils d'Youssef. Il est décédé, que Dieu lui fasse miséricorde, dans le mois de rebi' 1er de l'année cinq cent douze.

Sur la face postérieure de cette stèle, se trouve gravée une autre inscription en caractères coufiques, mais très-altérée. M. Richebé a seulement pu reconnaître que c'était le texte d'une prière. La date indiquée ci-dessus est comprise entre le 22 juin et le 21 juillet de l'année 1118 de J.-C. Cette épitaphe est la plus ancienne des inscriptions arabes dont j'ai pu prendre connaissance.

No 65. Inscription turque en relief ; trois lignes ; type oriental, bon. Plaque en marbre mesurant 0m49 de largeur sur 0m37 de hauteur. (M. Albert Devoulx, *Alger*).

(*Indications du livret*, page 135. Inscription turque en relief provenant du Fort-Neuf de la Pointe-Pescade ; avec la date 1239 (1823) et la mention d'Hossaïn pacha. Remis le 18 janvier 1855 par le service de la Douane.)

---

(1) Les cinq derniers mots ne figurent pas sur la copie de M. Richebé.

والى سلطان جزاير اول حسين باشا

جهاد ايچون اثر قويدى ياپوب بو قلعه بنا

سنة تسعة وثلثون ومائتين والف ١٢٣٩

Je traduis ainsi une traduction faite en arabe par feu Mahammed ben Otsman Khodja :

Le gouverneur d'Alger et son souverain, lequel est Hossain pacha,

pour les besoins de la guerre sainte, a fait élever ce fort et l'a érigé comme une trace durable.

Année mil deux cent trente-neuf (1239).

L'année 1239 a commencé le 18 septembre 1822 et fini le 6 septembre 1823. Le fort dont cette inscription rappelle la construction est établi à six kilomètres environ à l'ouest d'Alger et défendait une crique appelée par les indigènes *Mers-Eddebban*, le Port-aux-Mouches, et par nous *Pointe-Pescade*. Un poste de douaniers y est actuellement installé.

N° 66. Inscription arabe en quatre lignes ; très-mauvaise écriture se rapprochant du type oriental ; mauvaise exécution. Ardoise mesurant 0m50 de largeur sur 0m36 de hauteur. (M. Albert Devoulx, *Alger*).

(*Indications du livret*, page 139). Profession de foi sur ardoise, datée de 1162 (1748), et mentionnant un Abd-Allah. Donné le 24 mars 1855 par M. Tireau de l'Eymarière. Provient de la caserne Kharratin, aujourd'hui Trésor et Postes.

لا اله الا الله

محمد رسول الله

صاحب مالك عبد الله

سنة ١١٦٢

Il n'y a de dieu que Dieu,
Mohammed est le prophète de Dieu.
. . . .
Année 1162.

La troisième ligne, que j'ai laissée en blanc dans ma traduction, est très-difficile à comprendre, bien qu'elle ne contienne que trois mots dont le sens est très-clair quand on les considère isolément. Le premier mot signifie le plus ordinairement *propriétaire, possesseur* ou *auteur de* (et aussi *ami* ou *compagnon*). Le second mot peut être un nom commun : *propriétaire,* ou un nom propre : *Malek*. Quant au troisième, il est incontestablement un nom propre : *Abd-Allah*. En supposant les deux noms propres *Malek Abd-Allah*, on pourrait admettre qu'ils sont réunis par le mot sous-entendu ابن, *fils de*, que les Turcs supprimaient souvent, ainsi que les contrôles des janissaires et autres pièces en offrent de nombreux exemples. On lirait alors : L'auteur (de ces travaux est) Malek, (fils d') Abd-Allah. Mais le nom de Malek — qui est celui de l'imam auquel appartient la fondation de la secte malékite, — n'était pas adopté par les Turcs, lesquels suivent les rites de l'imam Abou Hanifa. Cette version semble donc inacceptable, puisque d'un côté, dans une caserne il ne saurait être question que d'un Turc, et que, d'autre part, un Turc ne s'appelait jamais Malek. Il me paraît inutile de présenter les autres traductions qu'on pourrait hasarder. En présence d'un laconisme aussi énigmatique, il est préférable de s'abstenir, car tout essai d'interprétation serait aventuré.

La présence de la profession de foi mahométane pourrait faire supposer que cette inscription est une épitaphe. Mais il faut remarquer, d'une part, qu'on n'inhumait pas dans les casernes, et d'autre part, qu'on trouve quelquefois la formule sacramentelle dont il s'agit sur des épigraphes commémoratives de constructions, de réparations ou d'autres travaux. Je pense donc qu'il s'agit bien d'un embellissement de chambre, d'autant plus qu'on ne remarque pas ici les appels à la miséricorde divine que les tombes musulmanes offrent sans exception.

L'année 1162, indiquée sur cette inscription inexpliquée, a

commencé le 22 décembre 1748 et fini le 10 décembre 1749. La caserne *El-Kherratine*, dont provient l'épigraphe en question, a été démolie en 1869 ; son emplacement se trouve compris dans les maisons de la rue Clauzel et du boulevard de la République, entre les rues Bosa et de l'Aigle.

N° 67. Inscription arabe en relief ; six lignes ; écriture barbaresque très-mauvaise et quelquefois informe. Stèle en marbre mesurant 0m17 de largeur sur 0m45 de hauteur (Inédite).

(*Indications du livret*, page 141). Stèle en marbre portant une sentence funéraire ; caractères en relief. Acheté le 27 janvier 1845.

كل نفس ذائقة الموت

وانما توفون اجوركم

يوم القيامة فمن زحزح

عن النار وادخل الجنة

فقد فاز وما الحيوة

الدنيا الا متاع الغرور

« Toute âme subira la mort (1). Vous recevrez vos récompenses au jour de la résurrection. Celui qui aura évité le feu et qui entrera dans le paradis, celui-là sera bienheureux, car la vie d'ici-bas n'est qu'une jouissance trompeuse. » (*Coran*, chap. III, verset 182. Traduction de M. de Kasimirski).

N° 68. Pierres tumulaires sans inscription.

(*Indications du livret*, page 142). Deux djenabia ou parties latérales de sépultures mauresques. Arabesques. Voir le n° 23.)

N° 69. Inscription arabe en relief ; quatre lignes ; type orien-

(1) « Mot à mot : *Toute âme goûtera la mort*. Par âme il faut entendre toute âme vivante, tout homme. »

tal, médiocre. Stèle en marbre d'une épaisseur exceptionnelle, avec des arabesques derrière. Largeur : 0m26 ; hauteur (de la partie écrite) : 0m30 (Inédite).

(*Indications du livret*, page 140). Mchahad d'Ali Ibn Hossaïn, mort en 1229 (1813). Remis par M. Bounevialle, le 11 juillet 1855.)

هذا قبر المرحوم

بكرم الحى القيوم

على ابن الحاج حسين

رحمه الله توفى سنة ١٢٢٩

Ceci est le tombeau de celui auquel il a été fait miséricorde
par la bonté du Vivant, du Subsistant,
Ali, fils d'El-Hadj Hossaïn.
Que Dieu lui fasse miséricorde! Il est décédé en l'année 1229.

Il n'y a aucun renseignement historique a recueillir dans cette épitaphe, dont la date est comprise entre le 24 décembre 1813 et le 13 décembre 1814.

N° 70. Turban en marbre, sans inscription.

(*Indications du livret*, page 127). Turban de bache-aga, ayant jadis surmonté un pilastre tumulaire. La forme du turban, qui distingue ici certaines positions sociales, était ordinairement reproduite sur le mchahad.)

N° 71. Inscription arabe en relief; en partie fruste; type oriental, médiocre. Stèle en ardoise; largeur : 0m22; hauteur (de la partie écrite) : 0m49 (Inédite).

(*Indications du livret*, page 137). Deux stèles en ardoise appartenant au tombeau d'Ibrahim Oulid el-Khodja du *Pantchek* ou bureau des prises maritimes.)

هذا قبر المرحوم
ابراهيم ولد الخوجة
... باع الپانچك
رحمه الله

. . . .

Ceci est le tombeau de celui auquel il a été fait miséricorde,
Ibrahim, enfant du Khodja
(du) Pantchek.
Que Dieu lui fasse miséricorde !

. . . .

Le Khodjet el-Pantchek était le fonctionnaire chargé de liquider et de distribuer les captures faites par les corsaires algériens (1). La stèle de tête de cette tombe fait l'objet du numéro suivant.

N° 71 *bis*. Inscription arabe en relief; en partie détruite stèle en ardoise; largeur : 0m22; hauteur (de la partie écrite) : 0m51. (Voir le n° 71.)

لا اله الا الله
محمد رسول الله
وصلى الله عليه تسليما

. . . .

Il n'y a de dieu que Dieu. Mohammed est le prophète de Dieu. Que Dieu répande ses grâces sur lui. . . . .

N° 72. Fragment de pierre tumulaire, sans inscription. (*Indications du livret*, page 142). Petit fragment de djenabia.)

---

(1) Voir mon *Registre des prises maritimes.*

N° 73. Inscription latine en caractères creux remplis de plomb ; disque en marbre ayant un diamètre de 0m175. (Berbrugger, *livret explicatif*, page 124).

I H S

Jesus hominum Salvator. Ce monogramme du Christ est surmonté d'une croix et placé au-dessus des trois clous de la passion.

Le *livret explicatif* ajoute les renseignements ci-après :

Ce disque a été trouvé dans l'ancien bagne dit *tebaren ben el-ar'a* (tavernes du fils de l'aga) ou *tebaren mtâ el-temmakin* (tavernes des bottiers) ; il soutenait la tête d'un squelette. Ce bagne, aujourd'hui occupé par la direction des mines, avait sa chapelle chrétienne sous la domination turque, et comme, dès le XVIe siècle, il y a eu un cimetière chrétien en dehors de Bab-el-Oued, il faut que la sépulture à laquelle appartient notre disque ait été faite avant cette époque ou qu'elle ait été faite clandestinement. Remis en 1855 par le service des Bâtiments civils.

N° 74. Inscription turque en relief; cinq lignes divisées en deux parties, plus la date ; joli type oriental, bien exécuté. Plaque en marbre mesurant 1m21 sur 0m74 ; la partie écrite a 1m08 de largeur sur 0m69 de hauteur. (M. Albert Devoulx, *Moniteur de l'Algérie* du 21 février 1869. — M. Albert Devoulx, *Alger*).

(*Indications du livret*, page 134). Inscription en relief datée de 1231 (1815) et mentionnant Omar Pacha. Elle se trouvait dans le vestibule à l'entrée du bordj el-Goumen (à la Marine), lorsque l'amirauté en fit la remise en mai 1855.

واردیا لکنه پک اولهس دیو اولدی التزام

حمد الله اولدی بتدی شمدیا بولدی نظام

ﭘﻰ الاصل دطووب ایله بر واردیاوکم ارایتدی

شمدی شش طوب ایله بر برج اولدی بویله والسلام

بانیسی اولدی فاتحك همشهرسی عمر باشا

دنیالر طور دقجه طور سون تاالی یوم القیام

طوبجيلر سزده وارل طوبلره ايدل اهتمام
خوشجه لك كوزلك بوليماندرر ساعجيلر
بيك ايكى يوز سال اوتوز برنده اولمش رتمام
علوى نوبت كلدى ايسه دى سنده تاريخنى

سنة ١٢٣١

Je rends ainsi une traduction faite en arabe par feu Mohammed ben Olsman Khodja :

La vigie (ourdia) était devenue excessivement délabrée par vétusté. Et cependant elle était indispensable. .·. Grâces à Dieu, elle a été refaite et achevée, et a reçu actuellement une organisation.

Primitivement, la vigie ne comptait que deux canons, et cependant que d'exploits elle a accomplis ! .·. Actuellement, elle a été transformée en fort armé de longs canons. C'est ainsi que cela devait être !

Son constructeur est Omar Pacha, compatriote de celui qui l'a conquise. .·. Puisse-t-il exister tant que durera le monde, jusqu'au jour de la résurrection !

O artilleurs ! qui d'entre vous désire se consacrer au service de ces canons, .·. qui sont les meilleures longues-vues des gens préposés à la surveillance des abords de ce port ?

En l'année mil deux cent trente et un a eu lieu l'achèvement. .·. Mais lorsque sera venu le moment des flammes, dis : c'est en toi que réside sa date.

Année 1231.

Le fort dont provient cette inscription offrait une trentaine de pièces, toutes dirigées vers la mer, et était bâti sur la partie du quai revenant vers la ville dans la direction E. O. On l'appelait en dernier lieu *bordj el-Goumen*, le fort des câbles, parce que la corderie de la marine en occupait le rez-de-chaussée ; sa partie inférieure est actuellement affectée au magasin général de la marine. Son emplacement borda pendant quelque temps le côté occidental de la passe du port, mais dès le commencement du XVIIIe siècle, on prolongea la série des fortifications en bâtissant un autre et dernier ouvrage plus à l'ouest.

L'expression de la langue franque *ouardia* (garde, vigie), employée dans cette inscription, indique clairement que le fort d'Omar Pacha a été bâti sur l'emplacement même de cette petite tour dont parle le père Dan, en 1634, s'élevant « à l'entrée du port, vers le bout du môle, où l'on faisait la garde, et où, pour l'adresse des navigateurs, on mettait quelquefois, de nuict, un grand fanal ; laquelle était gardée par huit Maures qui faisaient la sentinelle le long du môle, et par une douzaine d'autres qui étaient à l'entrée dans un bateau. » Seulement, il est incontestable que le fort de 1815 remplaça un ouvrage qui avait lui-même succédé à la tour mentionnée en 1634.

L'année hégirienne 1231, indiquée ci-dessus, a commencé le 3 décembre 1815 et fini le 20 novembre 1816.

N° 75. Inscription arabe en deux lignes, divisées chacune en quatre cartouches formés par des arabesques; creux remplis de plomb; bon type oriental, bien exécuté. Plaque en marbre ayant 2m36 de largeur, 0m33 de hauteur et 0m105 d'épaisseur. (M. Albert Devoulx, *les Édifices religieux de l'ancien Alger*, chap. LII, page 155. — M. Albert Devoulx, *Alger*).

(*Indications du livret*, page 134). Inscription turque (1) datée de 1207 (2) (1794), et mentionnant Hassan Pacha. Provient de la mosquée de Ketchawa, aujourd'hui la cathédrale. Remis le 19 juillet 1855 en même temps que les n°s 76 et 77.

حبّذا جامع يرام بالمنا من مبلغ القصد * وتبسّم بروق الختام من
افق العهد * بناه سلطاننا الرضى عظيم القدر * حسن پاشا
بالبهاء عديم المثل والنّد *

---

(1) Cette inscription est arabe et non turque. — A. D.

(2) Il faudrait 1209. C'est évidemment une erreur typographique, car la concordance indiquée par Berbrugger (1794) s'applique bien à l'année 1209 et non à 1207. — A. D.

قد افنى لتشييد اساسها (اساسه) على التقى * ثقل فخاره من
مال تجلّ عن العدّ * وحاز بهجة لدى النّاظرين وزخ * لمّا
كملت كالسّعد وباليمن والمجد سنة ١٢٠٩

Je traduis ainsi :

Quelle belle mosquée ! Elle est recherchée par les désirs avec un empressement extrême .·. Les splendeurs de son achèvement ont souri sur l'horizon du siècle .·. Elle a été construite par notre sultan agréable, à la puissance immense .·. Hassan Pacha, avec une beauté sans égale et sans pareille. .·.

Il a employé pour élever ses fondations sur la piété .·. tout le poids de son illustration, au moyen d'une somme qui dépasse l'énumération .·. Elle est revêtue de la gaieté aux yeux de ceux qui la regardent. Elle est datée (par le nombre renfermé dans ces mots) : .·. Lorsque j'ai été achevée comme le bonheur, dans la prospérité et dans la gloire. Année 1209.

Le chronogramme indiqué dans la dernière ligne est exact. Il a été établi d'après l'abadjed barbaresque, qui diffère un peu du système oriental, plus particulièrement adopté pour les inscriptions turques. L'année hégirienne 1209 a commencé le 29 juillet 1794 et fini le 17 juillet 1795.

En ce qui concerne la mosquée *Ketchawa*, dont provient cette inscription, je ne puis que renvoyer au chapitre LII, page 165, de mes *Édifices religieux de l'ancien Alger*.

N° 76. Inscription arabe en une seule ligne, divisée en trois cartouches; caractères creux remplis de plomb ; beau type oriental, bien exécuté. Plaque en marbre ayant 2m35 de largeur, 0m33 de hauteur et 0m08 d'épaisseur. (M. Albert Devoulx, *Alger*).

(Indications du livret, page 142). Inscription arabe en plomb. Voir le n° 75.

قال الله تبارك وتعالى فى كلامه القديم * بسم الله الرحمن الرحيم *
انّ الصلوة كانت على المؤمنين كتابا موقوتا

Dieu (qu'il soit béni et exalté !) a dit, dans son discours éternel (1) : .·. Au nom de Dieu clément et miséricordieux ! .·. La prière est pour les croyants une prescription divine dont les moments sont déterminés (2).

Le dernier cartouche contient la fin du verset 104 du chapitre IV du Coran, qui rappelle aux musulmans que la prière est d'obligation divine et qu'elle doit se faire exactement à des moments déterminés de la journée. Ces oraisons obligatoires sont au nombre de cinq et prennent le nom du moment où elles s'accomplissent. La première est celle de الفجر (*el-fedjer*, l'aurore), qui se dit au point du jour, lorsqu'il fait assez clair pour qu'on puisse distinguer les objets. A midi, le drapeau blanc (علم) est hissé au mât de chacune des mosquées à minaret ; un quart-d'heure après commence, pour finir à une heure, le délai accordé aux fidèles pour la prière de الظهر (*eddohr*, usuellement *eddehour*, midi, heure de midi) ou de الزوال (*ezzawal*, déclin du soleil, à partir de midi). De deux heures et demie à quatre heures, suivant la saison (3), on procède à la prière de العصر (*el-asr*, cette partie du jour où le soleil est visiblement sur le déclin ; l'après-midi jusqu'au coucher du soleil). L'avant-dernière prière a lieu au coucher du soleil (المغرب, *el-mor'reb*), et la dernière au moment dit العشاء (entrée de la nuit), soit une heure et demie après la précédente (4).

L'inscription dont je m'occupe provient de la mosquée dite

---

(1) Le Coran. L'adjectif القديم, *l'ancien, l'éternel*, est appliqué à Dieu et par extension à ses révélations.

(2) Dans la première édition de sa traduction du Coran, M. de Kasimirski rend ainsi ce passage : « La prière est prescrite aux croyants dans les heures marquées. » Dans la seconde édition, il modifie sa traduction de la manière suivante : « La prière est pour les croyants une obligation attachée à des heures fixes. »

(3) Le moment précis est indiqué dans des tables dont chaque mosquée possède un exemplaire.

(4) Pendant le jeûne observé durant le mois de Ramadan, il est accordé un quart-d'heure de plus pour cette dernière prière, afin qu'on ait le temps de terminer le repas.

djama Ketchawa, sur laquelle on trouvera des renseignements au chapitre LII, page 164, de mes *Édifices religieux de l'ancien Alger*.

N° 77. Inscription latine, incomplète; la partie supérieure manque; dix lignes; caractères en relief; mauvaise exécution. Plaque en marbre mesurant 0m26 de largeur sur 0m49 de hauteur. (Berbrugger, *livret explicatif*, page 125).

. . . .

Omnibus
CHARUS
OBIIT
POStRIdIE
CALENDAS
FEB
Æ tatis suæ
ANNO 310 (1)
DnI
J 7 6 4

D'après les indications du *livret*, cette épitaphe provient du cimetière chrétien, dit *des Consuls*, lequel était établi sur le bord de la mer, à environ 600 mètres de la porte Bab-el-Oued.

N° 78. Inscription arabe en sept lignes; caractères creux jadis remplis de plomb, mais aujourd'hui vides; type barbaresque, mauvais; mauvaise exécution. Plaque en marbre mesurant 0m51 de largeur sur 0m52 de hauteur. (M. Albert Devoulx, *Alger*).

(*Indications du livret*, page 130). Inscription à lettres en plomb; mention d'Ismaïl Pacha et d'El-Hadj Ali aga, avec date dans un chronogramme. Remis le 25 juillet 1855 par le Génie.)

---

(1) « Il est évident que le zéro qui termine cette ligne doit être plus petit et placé à côté et au-dessus de la lettre voisine, car on a voulu dire que le défunt était mort dans sa trente et unième année. » (Note de Berbrugger).

الحمد لله فاتح الاغلاق وباسط الارزاق

والصلاة على من ركب البراق محمد الراقي للسبع الطباق

اقيم بناء المخزن الموفور لحفظ الزرع للعسكر المنصور

في ولاية الامير ابي الوفاء مولانا اسماعيل باشا

باذن الواقف على مصالح البلاد والعباد الحاج

على اغا صانه الملك الجواد على يد

...اهيم بن موسى بتاريخ الحي المغني

Louange à Dieu, qui ouvre les fermetures et qui dispense généreusement la subsistance.

Que la grâce divine soit sur celui qui a eu pour monture *el-Borak* (1), Mohammed, qui a gravi les sept voûtes célestes.

A été élevée la construction du magasin, toujours rempli, pour la conservation des grains destinés aux troupes victorieuses,

Sous le règne du prince doué de la perfection, notre maître Ismaïl pacha,

Sur l'ordre de celui qui est chargé des intérêts du pays et des habitants, El-Hadj

Ali ar'a, que le garde le Souverain généreux (Dieu), par les soins

(d'Ibr)ahim, fils de Moussa, à la date (contenue dans ces mots) : le Vivant, le Dispensateur de la richesse (Dieu).

En additionnant, d'après le système barbaresque, les deux attributs de Dieu qui terminent cette inscription, j'arrive à un total de 1080, millésime d'une année hégirienne dans laquelle on trouve bien le pacha Ismaïl et le hadj Ali, ar'a ou chef élu

---

(1) *El-Borak*, être fantastique dont il est question dans le Coran, et qui, selon les mahométans, a servi de monture à Mahomet dans son voyage imaginaire de la Mecque à Jérusalem, et ensuite à travers les cieux jusqu'au trône de Dieu, dans la nuit du voyage nocturne connue sous le nom de ليلة المعراج. (Voir le *Dictionnaire* de M. de Kasimirski).

par la milice pour la commander, à l'exclusion du pacha envoyé par la Sublime-Porte, réduit dès lors à un rôle passif. Il devient donc certain que l'épigraphe dont je m'occupe a été rédigée en l'année 1080 de l'hégire, qui a commencé le 1er juin 1669 et fini le 20 mai 1670.

Le magasin que mentionne cette inscription était établi dans les dépendances de la Jénina, sises entre cet ancien palais des pachas et la rue Jénina. Il a été démoli en 1854.

N° 79. Inscription turque en quatre lignes; d'une lecture très-difficile à cause de son mauvais état (semble avoir été soumise à un violent frottement qui a effacé ou altéré un grand nombre de lettres); caractères creux remplis de plomb; type oriental, mauvais; plaque en marbre mesurant 0m31 de largeur sur 0m30 de hauteur (Inédite).

(*Indications du livret*, page 140. Inscription à caractères en plomb, datée de 1178 (1764). Donné le 2 août 1855, par M. Lichtlin, directeur de la Banque.)

بطر ايدوب على پاشا كماليله بوفناى

فكر ايدوب مالنده نجاتيله هم بقاى

رجا ايدر دروندن خلوصله ثناى

خدا راضى اجابوله فردوس اعلاى

(1) ١١٧٨

Je traduis ainsi d'après feu Mohammed ben Otsman Khodja :

Ali pacha ayant profondément médité sur ce monde périssable

et examiné comment il pourrait consacrer ses richesses à son salut (reconnut), que ce serait en les affectant à des œuvres durables.

---

(1) Cette date est placée, en réalité, entre la 2e et la 3e ligne.

Il espère, au fond de son cœur, obtenir des éloges sincères. Que Dieu soit satisfait de lui et le place dans le paradis le plus élevé. 1178.

L'année hégirienne indiquée ci-dessus a commencé le 1er juillet 1764 et fini le 19 juin 1765. Je n'ai pu reconnaître de quel édifice provient cette inscription. On pourrait supposer qu'elle a appartenu à une fontaine, parce qu'elle est presque semblable à celle de la fontaine de l'Amirauté, à la Marine, laquelle renferme pourtant une ligne de plus qui explique clairement de quoi il s'agit.

N° 80. Inscription arabe en trois lignes ; mauvais style et mauvaise orthographe ; caractères creux remplis de plomb ; type barbaresque très-mauvais ; très-mauvaise exécution. Plaque en marbre mesurant 0m83 de largeur sur 0m22 de hauteur. (M. Albert Devoulx, *Alger*.)

(*Indications du livret*, page 139. Inscription à caractères en plomb, provenant de l'ancienne caserne Kharratin (Trésor et Postes), datée de 1125 (1713) et relative à l'embellissement d'une chambre de janissaires. Remis le 1er octobre 1855, par M. Sarrus, inspecteur des bâtiments civils.)

تم هذا البناء بعون الخلاق غفر الله لمن بنى المدينب (?) الغراق (?)

هو المحمد (sic) بن الحسن الخزنجى (sic) لعلى باشا وسعه الله الرزاق

تاريخها خمسة وعشرون ومائة والف في شهر رجب كملها بحسن وصف

A été achevée la construction avec l'assistance du Créateur. Que Dieu accorde le pardon à celui qui a construit, le profond pécheur (?)

Emhammed fils d'El-Haçan, le kheznadji d'Ali pacha, que Dieu, dispensateur des richesses, le comble d'abondance.

Sa date est mil cent vingt-cinq, dans le mois de redjeb. Il l'a achevée en lui donnant la plus belle forme.

La date indiquée est comprise entre le 24 juillet et le 22 août 1713. La caserne d'*El-Kherratin*, dont provient cette inscription, avait son entrée dans la rue Bab-Azoun, et a été successivement affectée à un hôpital militaire, à un hôpital civil et au service du Trésor et de la Poste. Son emplacement est actuellement compris dans les maisons de la rue Clauzel et du Boulevard de la République, entre les rues Bosa et de l'Aigle.

N° 81. Inscription arabe en deux lignes, formant chacune trois cartouches ; caractères creux remplis de plomb ; bon type oriental ; détériorations causées par l'encastrement de la plaque dans une cheminée. Plaque en marbre mesurant 1m43 de largeur sur 0m34 de hauteur. (M. Albert Devoulx, *Edifices religieux de l'ancien Alger*, chapitre LII, page 166. — M. Albert Devoulx, *Alger.)*

(Indications du livret, page 138. Fragment d'inscription qui parait provenir de Djama Sida et qui figurait avec d'autres marbres dans une cheminée du palais du Gouvernement. Caractères en plomb.)

حبّذا اثار جليل مشيدا * ونعم الخير قد (ابنى) مؤبدا * اميرنا

صاحب الفضل حسن پاشا

اتقن بتصويب قبلته مسددا * لحديث قيل ان فى الجنة

بيتا * نالها من لله تعالى بنى مسجدا

Quel beau monument (1) ! Il est vaste et a été élevé à une grande hauteur. .·. Il est le plus beau bienfait. Il a été bâti (de manière à durer) perpétuellement. .·. Notre prince, doué de la supériorité, Hassan pacha

a construit habilement sa kibla (2), en l'orientant exactement

(1) Ce mot s'applique surtout aux monuments des temps passés. Il faut remarquer en outre qu'il est au pluriel et que cependant tous les mots qui s'y rapportent sont au singulier.

(2) Point de l'horizon vers lequel les musulmans doivent se tourner en faisant leurs prières ; c'est la direction de la Mecque. Dans les mosquées, ce point est indiqué par le mihrab ou niche, où se place l'imam.

de manière à mériter les éloges, .·. à cause d'un récit traditionnel, dans lequel il est rapporté qu'au Paradis est une demeure .·. qu'obtient celui qui à Dieu (qu'il soit exalté !) a bâti une mosquée.

J'ai déjà établi dans mes *Edifices religieux de l'ancien Alger* (chapitre LII) que cette inscription provenait évidemment de *Djama Ketchawa*, mosquée aujourd'hui remplacée par la Cathédrale. Je ne puis donc que renvoyer à cet ouvrage.

N° 82. Colonne en marbre, sans aucune inscription, et présentant les dimensions ci-après : fut et base, 1m22 ; chapiteau, 0m31 ; total 1m53.

(*Indications du livret*, page 127. Colonne monolithe, ionique avec chapiteau et base. Provenant de la Jenina, troisième étage ; dans la menza ou chambre de terrasse placée à l'Est. Remis le 12 juin 1856, par le service des Bâtiments civils).

N° 83. Inscription en caractères hébraïques ; creusés ; plaque mesurant 0m28 sur 0m28.

(*Indications du livret*, page 141. Epitaphe hébraïque, caractères creux, du jeune David, fils de Simon Machetou, datée de 5599. Trouvé en 1857, dans les déblais de la rue de la Lyre, impasse des Caravanes, et donné par M. Serpolet, architecte-voyer).

Etant incompétent pour publier le texte et la traduction de cette épitaphe, d'ailleurs sans importance, je me borne à donner les renseignements qui précèdent.

N° 84. Inscription turque en quatre lignes ; caractères creux remplis de plomb ; type oriental, bon. Plaque en marbre mesurant 0m79 de largeur sur 0m485 de hauteur. (M. Albert Devoulx, *Alger*).

(*Indications du livret*, page 127. Frise de la grande porte du palais de la Jenina, relative à la pose d'une porte en marbre en 1227 (1812), par ordre d'Ali pacha. Remis par M. Philippe Picon).

صاحب صدارت على پاشای ممجّد * ایده عون خدا دایم مؤاید
ایدوب همت عالی بذل قدرت * بوباب دولتی قلدی مجدّد
اچلدتچه قبا نسن عين اعداء * بحق حامد مولاه محمود احمد
ديسوق، نـاظـراولـنـلرما شاء الله * زهی درگاه عالی مشيّد ١٢٢٧

Je traduis ainsi, d'après feu Mohammed ben Otsman Khodja :

Que le dépositaire de l'autorité, Ali pacha, objet des éloges, .·. soit à jamais favorisé de l'assistance de Dieu !

Par son éminente sollicitude et la manifestation de son pouvoir, .·. a eu lieu le renouvellement de la porte (du palais du) gouvernement et (a été assurée) sa durée.

Nous demandons au moment où elle est ouverte, que les yeux des ennemis soient fermés, .·. par les mérites de celui qui glorifie son maître (Dieu), Mahmoud Ahmed (1).

O vous qui regardez, dites : *ce que Dieu a voulu !* .·. (2) C'est un lieu élevé, merveilleux, solide. 1227.

L'année hégirienne 1227 a commencé le 16 janvier 1812 et fini le 3 janvier 1813. Au n° 37 du présent travail, on a déjà trouvé une inscription arabe constatant qu'en 1042 (1632-1633), la porte du palais avait été refaite une première fois. La seconde reconstruction, dont il est question dans l'inscription ci-dessus, est en outre rappelée dans la note ci-après, consignée sur un registre du beylik et donnant une date précise : « L'an mil deux cent vingt-sept, le dixième jour du mois de redjeb, sous le règne de l'éminent El-Hadj Ali pacha, la porte du palais a été reconstruite en marbre magnifique. Puisse Dieu bénir ce changement ! »

La date indiquée par cette note correspond au 20 juillet 1812.

---

(1) Ce sont deux des noms du prophète. Il s'agit donc de Mahomet qui porte plus particulièrement le nom de Mahmoud dans les cieux.

(1) *Quelle chose Dieu a voulu !* C'est une formule par laquelle on manifeste son admiration.

N° 85. Colonne en onyx calcaire; mesurant 2m85 de hauteur et 1m50 de circonférence; aucune inscription.

(*Indications du livret*, page 139. Colonne en onyx calcaire des carrières d'Aïn Tekbalet, près de l'Isser (route d'Oran à Tlemcen), avec son chapiteau dans le style arabe. Envoyé de Tlemcen, en 1858, par les soins de M. Charles Brosselard, alors commissaire civil, et d'après les instructions de M. Majorel, préfet d'Oran).

N° 86. Inscription arabe en sept lignes; caractères creusés, mais non destinés à être remplis de plomb; traces de peinture rouge; type barbaresque, mauvais. Plaque de marbre mesurant 0m23 de largeur sur 0m325 de hauteur. (M. Albert Devoulx, les *Edifices religieux de l'ancien Alger*, chapitre LXXXI, page 220. — M. Albert Devoulx, *Alger*).

(*Indications du livret*, page 137. Inscription provenant de la mosquée démolie *Sidi Hedi* ou *Tiber'roten* (les puces). Petite tablette de marbre blanc, sur laquelle on lit le nom de Mami raïs. La date est indéchiffrable).

الحمد لله وحده

هٰذا الجامع الا

عظم من امر ببنيا

نه مام (1) رايس حين

قدم وفاته قصد

به وجه الله العظيم

عام ٠اح ومايه

Louange à Dieu, unique. Celui qui a ordonné la construction de cette mosquée très-grande, est Mami raïs (2), lorsque le moment de sa mort fut venu. Il s'est proposé en cela de plaire à Dieu, l'incommensurable. Année....

---

(1) Il faudrait مامى.

(2) Capitaine de navire.

Cette inscription présente entre la 2e et la 3e lignes et la 3e et 4e lignes des enjambements assez rares en épigraphie arabe. La date a beaucoup exercé les amateurs de curiosités épigraphiques, mais aucun d'eux n'a pu trouver la solution du problème. C'est en vain que j'ai fait un appel à tous les indigènes versés dans la science des chronogrammes ; personne n'a pu déchiffrer cette date énigmatique ; comme il s'agit d'une rareté historique, je vais répéter ce que j'ai dit ailleurs (1), et rappeler qu'à défaut de solution indiscutable, j'ai présenté, sous toutes réserves et à titre de simple hypothèse, une version que m'a suggérée l'examen attentif du mystérieux texte.

La manière la plus habituelle d'employer pour la rédaction des chronogrammes, les caractères de l'alphabet arabe, d'après la valeur numérale qui leur est attribuée, consiste à former un ou plusieurs mots plus ou moins en harmonie avec la circonstance, et dont les lettres étant additionnées donnent un total égal à la date qu'on veut déguiser. Mais ici cette méthode n'a pas été suivie. En allant de droite à gauche, nous trouvons d'abord un zéro, c'est-à-dire un chiffre, puis un ا dont la valeur numérale est 1, ensuite un ح valant 8, et, enfin, un adjectif numéral précédé d'une conjonction : *et cent*. Trois systèmes ont donc été combinés et employés concurremment pour rendre plus obscure la date de l'inscription, bien que ce fut, à coup sûr, le renseignement qui méritât le plus de clarté. La combinaison a été si heureuse qu'aujourd'hui les plus expérimentés se déclarent impuissants à deviner l'intention de l'auteur.

Il me semble que dans le cas qui nous occupe, les lettres numérales sont placées dans l'ordre indiqué par l'arithmétique pour la formation des nombres. Le zéro tiendrait donc la place des unités simples ; le ا ou 1, serait placé dans la colonne des dizaines, et le ح ou 8, occuperait le rang des centaines. La date proposée devrait donc être lue comme il suit :

ح (8) ا (1) ٠ (0) et cent. Soit : 810 et cent.

---

(1) *Edifices religieux de l'ancien Alger*, page 221.

On pourrait en conclure, à mon avis, que l'année cherchée est 810 plus 100, c'est-à-dire 910, ce qui nous reporterait à l'année 1505 de l'ère chrétienne et à une époque antérieure de 11 ans à l'établissement de la domination ottomane en Algérie. La présence à Alger, antérieurement à l'arrivée des Barberousse, d'un corsaire turc, — ou renégat, car le nom de Mami était choisi volontiers par les apostats, — n'aurait rien d'étonnant, attendu que cette ville était alors le refuge de forbans de toute origine, dont les déprédations forcèrent les Espagnols à bâtir, sur un îlot sis à 200 mètres de la ville, la fameuse forteresse connue sous le nom d'*El-Penon*. Telle est l'explication que je crois pouvoir donner d'une date formulée d'après un mode inconnu et qui est resté sans imitation, comme il était sans doute sans précédent.

D'après le livret, cette inscription provient de la petite mosquée dite *Mesdjed Tiber R'outin*, laquelle fait l'objet du chapitre LXXXI, § 2e, page 220, de mes *Edifices religieux de l'ancien Alger.*

No 87 (et dernier du livret). Inscription arabe en trois lignes ; caractères creux remplis de plomb ; type oriental ; assez bon ; encadrement de carreaux en faïence bleue, dans lesquels sont écrits en blanc quelques mots et notamment : بشر يا فتى ان الصبر سلامة, annonce la bonne nouvelle, ô homme généreux et brave, que la patience est le salut. Largeur totale : 0m92 ; hauteur totale : 0m76 ; la partie écrite mesure 0m63 de largeur sur 0m49 de hauteur. (M. Albert Devoulx, les *Edifices religieux de l'ancien Alger,* chapitre XC, page 234. — M. Albert Devoulx, *Alger*).

(*Indications du livret*, page 135. Inscription à caractères en plomb, provenant de la mosquée extérieure de la Casbah. Elle est datée de 1233 (1817) et entourée d'une bordure en briques émaillées de couleur bleue et couvertes d'inscriptions religieuses en caractères blancs. Remis par M. l'abbé Landmann, curé de la Casbah).

صاحب الخيرات والحسنات * السيد حسين باشا رفعه الله اعلى الدرجات

المتمسك بقول من له اللواء والشفاعة * من بنى لله مسجدا
بنى الله له في الجنة بيتا

سنة ثلاث وثلاثين وماتين (1) والف * من بعد هجرة من له
الفخر والشرف سنة ١٢٣٣

L'auteur des bienfaits et des bonnes œuvres .·. (est) le Seigneur Hossaïn Pacha, que Dieu l'élève jusqu'au plus haut des degrés (de la béatitude),

lequel se conforme avec foi à cette parole de Celui qui a l'étendard et l'intercession (2). .·. « Quiconque bâtira à Dieu une mosquée, Dieu lui bâtira, dans le Paradis, une demeure. »

Année mil deux cent trente-trois, .·. après l'émigration (hégire) de celui qui a l'illustration et la noblesse.

Année 1233.

L'année hégirienne 1233 a commencé le 11 novembre 1817 et fini le 30 octobre 1818. Cette inscription provient de la mosquée extérieure de la Casbah, aujourd'hui église Ste-Croix, laquelle fait l'objet du chapitre xc, § 1er, page 234, de mes *Edifices religieux de l'ancien Alger*.

N° 88 (3). Inscription arabe en relief; incomplète; cinq lignes;

---

(1) Il faudrait مايتين.

(2) C'est-à-dire le prophète Mohamed qui tient l'*étendard* de l'Islamisme et auquel appartient la mission d'*intercéder* auprès de Dieu en faveur des hommes.

(3) Le livret explicatif, publié par Berbrugger, en 1861, s'arrête au n° 87. Quant au catalogue manuscrit il n'a pas été retrouvé. La perte de ce document important a eu un résultat bien regrettable: c'est d'anéantir, sans qu'on ait l'espérance de les remplacer, les renseignements que Berbrugger avait dû recueillir sur la provenance des inscriptions. Les nos d'ordre que j'indique sont ceux du nouveau catalogue dressé par M. Mac-Carthy, document auquel je n'ai emprunté aucun des renseignements que je donne.

type barbaresque, médiocre. Fragment de stèle en marbre ; largeur : 0m21 ; hauteur : 0m265 ; épaisseur ; 0m055 ; bordure composée d'un chapelet d'oves ayant chacune la forme d'un œuf tronqué à ses extrémités ; au revers, ornementation sculptée, ayant pour motifs des fleurs ; avait été utilisé, comme moellon, dans la construction d'un mur, dans une campagne sise à la Bouzaréa, près d'Alger ; donné par une israélite à M. Serpolet fils, alors architecte-voyer, qui en a fait cadeau au Musée, en 1865. (Berbrugger, *Revue africaine*, tome 9, page 122).

. . . .

مدينة وهران صباح الجمعة

في ستة وعشرين

من شوال سنة ١١١٩ وتو

فى يوم السبت في

تسعة عشـ . . من سنة ١١٢٢

. . . .

la ville d'Oran, dans la matinée du vendredi vingt-six choual de l'année 1119, et il est décédé le samedi, dix-neuf ...... de l'année 1122.

Le 26 choual 1119 correspond au 20 janvier 1708, et l'année 1122 a commencé le 2 mars 1710 et fini le 18 février 1711. Berbrugger a établi avec beaucoup de solidité (*Revue africaine*, tome 9, page 122) que cette épitaphe devait être celle d'Ouzoun Hassan, général de l'armée algérienne qui enleva Oran aux Espagnols, le 20 janvier 1708. Je ne puis que renvoyer le lecteur à cet intéressant travail.

N° 89. Inscription arabe en relief ; sept lignes ; enjambement entre la 2e et la 3e lignes ; mauvais type barbaresque. Fragment de stèle en marbre, mesurant 0m13 de largeur sur 0m20 de hauteur ; servait d'obturateur à un conduit, dans une campagne sise a la Bouzaréa, près d'Alger ; a été donné par une israélite à M. Serpolet fils, architecte, qui en a fait cadeau au Musée, en 1865 (1). (Inédite).

هـذا

قـبـر المر

حـوم

مـصـطـفـى

بـن رجـب

رحـمـه

الله

Ceci est le tombeau de celui auquel il a été fait miséricorde, Mustapha fils de Redjeb. Que Dieu lui fasse miséricorde !

Aucun intérêt de s'attache à cette épitaphe d'un particulier entièrement inconnu.

N° 90. Inscription arabe en relief ; plusieurs lignes enchevêtrées qu'on ne saurait reproduire qu'au moyen d'un fac-simile ; type oriental, mauvais. Plaque en marbre mesurant 0m37 sur 0m37 ; donnée au Musée par M. le sous-lieutenant baron Henry Aucapitaine. (Inédite).

الحمد لله كمّل بناء هذا المسجد المبارك المكرم الاجل ابو الرضى

خليل ابن محمد كان الله له وذلك بتاريخ اواسط شعبان من عام

سبعة وعشرين ومائة والف ١١٢٧

Louange à Dieu ! A fait achever la construction de cette mos-

(1) Ces renseignements sont donnés par Berbrugger à la page 122 du tome 9 de la *Revue africaine*.

quée bénie, l'honorable, le très-considérable, l'agréable Khelil, fils de Mohammed, que Dieu lui soit en aide. Et cela à la date du milieu de chaban de l'année mil cent vingt-sept. 1127.

La date indiquée ci-dessus est comprise entre le 12 et le 21 août 1715. Dans une note placée à la page 289 du tome 9 de la *Revue africaine* (juillet 1865), Berbrugger fait connaître que cette inscription provient de la grande mosquée de Médéa et que le Musée la possède grâce au zèle éclairé de M. le sous-lieutenant baron Henry Aucapitaine.

N° 91. Inscription arabe en relief; quatre lignes ayant la même terminaison ; bon type oriental. Plaque en marbre mesurant 0m48 de largeur sur 0m39 de hauteur (Inédite).

اللهمّ تقبل من عبيدك حسن باى بن خليل ما مّننت به عليه
من بناء هذا المسجد واجعله له عدّة لها بين يديه
رحم الله عبدًا قال امين كلّما رفع نظره اليه
لسنة ١٢١٣ من هجرة المصطفى صلّ اللهمّ وسلّم عليه

O Dieu, accepte de ton infime adorateur, Hassan Bey, fils de Khelil, la construction de cette mosquée, qu'il doit à tes bienfaits, et fais qu'elle augmente la quantité de ce qu'il aura entre les mains (1). Que Dieu fasse miséricorde à tout homme qui dira *amen!* chaque fois qu'il portera ses regards sur cet édifice. En l'année 1213 de l'émigration de l'Élu (2); répands tes grâces sur lui, ô Dieu, et accorde-lui le salut!

L'année 1213 a commencé le 15 juin 1798 et fini le 4 juin 1799. Il résulte d'une note mise par Berbrugger à la page 289 du tome IX de la *Revue africaine* (juillet 1865), que cette inscription provient de la mosquée appelée *djama el-Ahmar*, sise à Médéa, et

(1) C'est-à-dire : fais que cette fondation augmente le nombre des bonnes œuvres qu'il aura à invoquer le jour où il se présentera pour être jugé par toi.

(2) Mahomet.

que le Musée en doit la possession au zèle éclairé de M. le sous-lieutenant baron Henri Aucapitaine.

Cette inscription permet de constater que MM. Federmann et Aucapitaine ont commis une grave erreur chronologique dans les *Notices sur l'histoire et l'administration du beylik de Titeri*, qu'a publiées la *Revue africaine* (t. IX, p. 280). Citons d'abord le texte incriminé : « Mohammed Frira, surnommé *Ed-Debbah* ou l'égorgeur, fut choisi par le pacha pour succéder à Ouznadji... Mohammed administra le Titeri pendant cinq années, de 1794 à 1799, époque à laquelle il fut tué... Ibrahim Tremçani (?) remplaça le bey Ed-Debbah et conserva le pouvoir jusqu'en 1801. Le bey Hassan occupa alors le gouvernement de Titeri .. C'est le bey Hassan qui a fait construire à Médéa la mosquée appelée *djamaa el-Akmar*, dont on voit encore aujourd'hui le minaret près de la porte des jardins (1)... »

Il résulte clairement de cette narration que Hassan fut nommé bey de Titeri en 1801, en remplacement d'Ibrahim, qui avait succédé à Mohammed Frira en 1799, et que c'est pendant son commandement qu'il fit construire la mosquée dont l'inscription figure actuellement sous le n° 97 du Musée d'Alger. Or, cette épigraphe établit que le bey Hassan ben Khelil fit bâtir la mosquée en 1213, soit du 15 juin 1798 au 4 juin 1799. L'erreur chronologique commise par MM. Federmann et Aucapitaine est d'autant plus singulière, que ce dernier avait à sa disposition l'inscription de 1213 — puisque c'est lui qui l'a fait parvenir au Musée, — et qu'il n'a pas su reconnaître qu'elle donnait un démenti formel à la date assignée par lui et son collaborateur à la nomination de Hassan au beylik de Titeri. En présence d'un document dont l'authenticité ne saurait être mise en doute, il devient certain que cette nomination remonte au moins à l'année 1213 (1798-1799.(

N° 92. Inscription arabe en relief ; type oriental, assez bon ;

---

(1) C'est ici que se place la note de Berbrugger dont j'ai parlé à l'alinéa précédent, et qui rappelle que M. Aucapitaine a fait remettre au Musée l'inscription de la mosquée dont il s'agit.

quatre lignes, divisées chacune en deux parties qui riment entr'elles; date en chiffres placée au centre; construction irrégulière de la première partie de la deuxième ligne : le mot qui la termine devrait être logiquement placé au commencement de la phrase, et n'a été rejeté à la fin qu'à cause des exigences de la rime; détériorations évidemment causées par les débordements de l'Harrach. Plaque en marbre mesurant 0m93 de largeur sur 0m62 de hauteur; remise au Musée le 15 mai 1868. (Berbrugger, *Algérie historique, pittoresque et monumentale*, t. 1er, p. 54. Paris, Delahaye, 1843. — M. Albert Devoulx, *Alger*).

تم (1) بناونا البديع الباهى * عن اذن بانيه لوجه اللهى

به ابراهيم باشا بن رمضان امر * فصار (2) قنطرة لنا كما ترى

١١٤٩

جعل الله سعيه سعيًا مشكورًا * وجزاوه جزاء موفورًا

سنة تسعة (3) واربعين ومائة والف * من هجرة من له العز والشرف

Je traduis ainsi :

A été achevée notre construction merveilleuse, magnifique, ...

---

(1) Les deux premières lignes de la publication faite par Berbrugger contiennent une erreur typographique qui en rendent le sens obscur. La première ligne commence par un ت et la seconde par un ب; le compositeur, en plaçant mal les points diacritiques de ces deux lettres, a transporté le ب à la première ligne et le ت à la seconde, ce qui produit les deux mots بم et ته, au lieu de تم et به, et n'offre aucun sens.

(2) Berbrugger lit فصا. Cependant le ر, placé au-dessus du ص, est parfaitement lisible.

(3) Le texte porte bien تسعة et non تسعا comme l'indique Berbrugger.

avec l'autorisation de celui qui l'a fait élever pour plaire à Dieu.

A son sujet, Ibrahim Pacha, fils de Ramdan, a donné des ordres, .·. et elle est devenue un pont pour nous, comme tu vois.

1149.

Fasse Dieu que son œuvre soit une œuvre comblée d'éloges, .·. et sa récompense une récompense abondante.

Année mil cent quarante-neuf .·. de l'émigration de celui qui a la puissance et la noblesse (1).

L'année 1149 a commencé le 12 mai 1736 et fini le 30 avril 1737. Cette inscription était placée, du côté d'amont, dans le parapet du pont bâti sur l'Harrach, non loin de son embouchure. On trouvera quelques renseignements sur ce pont à la page 230 du tome XII de la *Revue africaine*.

N° 93. Inscription arabe en relief ; quatre lignes ; incomplète ; type barbaresque, mauvais. Partie supérieure d'une stèle en marbre ; largeur : 0m20, hauteur : 0m27 (*Inédite*).

هذا قبر

المرحومة بكرم

الله تعله (*sic*) فطمة (*sic*) بنت

القايد على رحمه (*sic*) . . . .

Ceci est le tombeau de celle à qui il a été fait miséricorde par la bonté de Dieu, qu'il soit exalté, Fatma, fille du caïd Ali, lui fasse miséricorde. . . . .

---

(1) Mahomet.

Cette épitaphe, qui renferme trois fautes d'orthographe, n'offre aucun intérêt historique.

N° 94. Inscription arabe en relief; cinq lignes; type oriental, très-mauvais. Stèle en ardoise; largeur : 0m29; hauteur (de la partie écrite) : 0m53 (Inédite).

هذا قبر المر(1)

المرحوم بكرم الحى القيوم

محمد بن مصطفى

رحمة الله عليهما

سنة ١٢٣٤

Ceci est le tombeau de celui à qui il a été fait miséricorde par la bonté du Vivant, du Subsistant, Mohammed, fils de Mustapha. Que la miséricorde de Dieu soit sur eux deux. Année 1234.

Cette épitaphe n'offre aucun intérêt historique. L'année 1234 a commencé le 31 octobre 1818 et fini le 19 octobre 1819.

N° 95 Inscription arabe en quatre lignes; caractères faiblement creusés (2); type oriental, médiocre. Disque en marbre offrant un diamètre de 0m28 (Inédite).

---

(1) Le lapicide, reconnaissant qu'il n'avait pas la place nécessaire pour achever le mot المرحوم, a abandonné les quatre lettres qu'il avait déjà tracées, et a écrit ce mot en entier à la ligne suivante

(2) Il ne s'agit pas du système consistant à verser du plomb dans les caractères. La concavité est plus faible, a une autre forme et n'offre pas les petits trous destinés à retenir le métal. J'ai déjà dit que je ne connaissais que trois épigraphes gravées d'après cette méthode, empruntée aux inscriptions romaines.

هذا قبر الحرة
الطّاهرة فاطمة
زوجت القايد المنعم
القايد محمد رحمه الله

Ceci est le tombeau de la vertueuse (1) et pure Fatma, épouse du caïd bienfaisant, le caïd Mohammed. Que Dieu lui fasse miséricorde !

L'emploi du masculin à la dernière ligne pourrait faire croire que la miséricorde divine est appelée sur le caïd Mohammed, qu'on devrait alors considérer comme également décédé. Mais je pense que c'est simplement un nouvel exemple de la substitution fautive et assez commune d'un genre à l'autre. La forme, inusitée à Alger, de cette stèle ronde, et le système, rarement employé ici, auquel on a eu recours pour tracer l'inscription qu'elle contient, font regretter que les renseignements relatifs à sa provenance fassent absolument défaut.

N° 96. Inscription arabe en relief; trois lignes; espèce de type andalou, bon; bonne exécution. Stèle en marbre ; largeur : 0m40 ; hauteur (de la partie écrite) : 0m265 (Inédite).

اللّهُمّ انى اعْهد اليك عهدا
في هذه الحيوة الدنيا بانى اشهد ان لا اله
الا انت واشهد ان سيدنا محمّد عبدك ورسولك

O Dieu, je prends envers toi l'engagement solennel, dans la vie de ce monde, d'attester qu'il n'y a d'autre dieu que toi, et d'attester que notre seigneur Mohammed est ton adorateur et ton prophète.

---

(1) Ce mot signifie aussi : *femme libre par son origine, qui n'est pas née esclave, qui est de bonne naissance.*

N° 97. Inscription arabe, incomplète; type barbaresque; mauvais. Débris de stèle en ardoise; hauteur : 0m47; largeur : 0m28 (Inédite).

هذا قبر

...... شهيد فى سبيل

الله المرحوم

.... اج مصطفى بن

...... على .....

Ceci est le tombeau ..... martyr dans la voie de Dieu (1), celui qui a été l'objet de la miséricorde divine ..... le hadj Mustapha, fils de ..... Ali .....

N° 98. Inscription arabe, incomplète; type barbaresque, mauvais. Stèle en ardoise, cassée; largeur : 0m18; hauteur : 0m36. (Inédite).

لا اله الا الله محمد

رسول الله صلى الله عليه

وسلم تسليما....

Il n'y a de dieu que Dieu. Mohammed est le prophète de Dieu. Que Dieu répande ses grâces sur lui et lui accorde le Salut !

N° 99. Inscription arabe en relief; cinq lignes; type oriental, mauvais et mal exécuté. Stèle en marbre; largeur : 0m23; hauteur (de la partie écrite) : 0m37. (Inédite).

---

(1) Cette qualification indique qu'il s'agit d'un musulman tué dans un combat livré aux chrétiens.

لا اله الا الله

محمد رسول الله

الصادق الامين صلى

الله عليه وسلم

تسليما كثيرا

Il n'y a de dieu que Dieu. Mohammed est le prophète de Dieu; il est sincère, digne de confiance ; que Dieu répande ses grâces sur lui et lui accorde abondamment le salut !

Nº 100. Inscription arabe, incomplète ; bon type oriental, bien exécuté en relief (1). Partie supérieure d'une stèle en ardoise, surmontée d'un croissant, dont les pointes sont cassées ; largeur : 0m30 ; hauteur : 0m39. (Inédite)

هو الحى الدايم الباقى

لا اله الا الله محمد رسول الله

سبحان من احيانى بعد افنا عمرى

Il est le Vivant, l'Eternel, le Survivant ! Il n'y a de dieu que Dieu, Mohammed est le prophète de Dieu. Qu'il soit glorifié celui qui m'a fait revivre après l'anéantissement de ma vie.

Nº 101. Inscription arabe incomplète ; partie supérieure d'une stèle en marbre, avec arabesques ; largeur : 0m21 ; hauteur : 0m28. (Inédite).

---

(1) Ce système est rarement employé sur les ardoises, à cause de la difficulté créée par la friabilité de cette pierre. Ordinairement on indique les caractères au moyen d'un double trait légèrement creusé.

لا اله الا الله

محمد رسول الله

. . . .

Il n'y a de dieu que Dieu. Mohammed est le prophète de Dieu.....

N° 102. Inscription arabe, incomplète; relief; type barbaresque, médiocre. Partie supérieure d'une stèle en marbre; largeur : 0m18; hauteur : 0m29. (Inédite).

لا الـه الا الله

محمد رسول الله

الصادق الامين

Il n'y a de dieu que Dieu. Mohammed, le sincère, le digne de confiance, est le prophète de Dieu.....

N° 103. Fragment de pierre tumulaire (ardoise), mesurant 0m78 de largeur sur 0m12 de hauteur. *Sans inscription.*

N° 104. Fragment d'ardoise provenant d'une tombe et mesurant 0m27 de largeur sur 0m17 de hauteur. *Sans inscription.*

N° 105. Inscription arabe en relief; trois lignes; type barbaresque, médiocre. Stèle en marbre, mesurant 0m21 de largeur sur 0m35 de hauteur (partie écrite); arabesques au revers. (Inédite).

لا الـه الا الله

محمد رسول الله

الصادق الامين

Il n'y a de dieu que Dieu. Mohammed, le sincère, le digne de confiance, est le prophète de Dieu.

N° 106. Inscription arabe en relief; type oriental, mauvais. Fragment de colonnette mesurant 0m30 de hauteur ; largeur de chaque face : 0m09. (Inédite).

لا الله (sic)

الا ا

لله

محمد

رسو

ل الله

Il n'y a de dieu que Dieu. Mohammed est le prophète de Dieu.

N° 107. Inscription arabe en relief; deux lignes; type oriental, mauvais. Stèle en marbre mesurant 0m20 de largeur sur 0m39 de hauteur. (Inédite).

لا اله لا (sic) الله

(Rosace)

محمد رسول الله

Il n'y a de dieu que Dieu. Mohammed est le prophète de Dieu.

N° 108. Pilastre en marbre ayant une hauteur de 2m25 et une épaisseur de 0m18; ornementation sculptée représentant un vase et des branches avec des fleurs ; aucune inscription.

N° 109. Inscription arabe en relief; quatre lignes ; type oriental, mauvais. Stèle en ardoise, ayant une largeur de 0m28 et une hauteur totale de 0m60. (Inédite).

لا اله الا الله

الملك الحق المبين

محمد رسول الله

الصادق الوعد الامين

Il n'y a de dieu que Dieu, le Roi, la Vérité, l'Evident. Mohammed est le prophète de Dieu ; il est sincère dans ses promesses et digne de confiance.

N° 110. Tombeau en pierre, ayant 0m74 de longueur, 0m24 de largeur et 0m18 de hauteur ; partie supérieure en dos d'âne ; renfermant une inscription qui est fruste et qui semble avoir été détruite à dessein ; on peut, cependant, y reconnaître le passage du Coran : كل نفس دايقة الموت, *toute âme goûtera la mort*, qui figure quelquefois dans les épitaphes. Ce tombeau ne doit pas être algérien, car sa forme, qui se rapproche de celle des tombes israélites, n'est pas adoptée par les musulmans de notre ville. Il est regrettable que les renseignements sur sa provenance fassent absolument défaut.

N° 111. Inscription arabe peinte en jaune sur un fond noir ; beau type oriental ; exécutée par M. Bresnier, en son vivant professeur à la chaire d'arabe d'Alger et calligraphe distingué. Fronton en bois mesurant 1m44 dans la plus grande largeur et 0m53 dans la plus grande hauteur ; était probablement placé sur l'entrée d'une salle d'étude.

ادخلوا مقبولين بالفرح * جالسين تحت ظل العلوم

١٢٥٢

١٨٥٨

Entrez : vous serez accueillis avec joie et vous vous assierez à l'ombre des sciences.

(1) 1252.

(2) 1858.

N° 112. Inscription arabe en relief; cinq lignes, dont les quatre premières ont la même désinence ; bon type oriental. Plaque en marbre mesurant $0^{m}56$ de largeur sur $0^{m}54$ de hauteur. Remise au Musée par le service des Bâtiments civils, en 1870. (M. Albert Devoulx, *Alger*).

جدد بناء هذا البيت الجميل

بعون الله الملك الجليل

خزينه دار ابرهيم بن اسمعيل

جزى الله له خيرًا في يوم الجزيل

سنة ثلاثة وثمانون ومماية والف

A renouvelé la construction de cette belle chambre, avec l'aide de Dieu, le Souverain, le Grand (3), le Khezinadar (4) Ibrahim, fils d'Ismaïl ! Que Dieu le récompense par le bien au jour de la rétribution. Année mil cent quatre-vingt-trois.

L'année 1183 a commencé le 7 mai 1769 et fini le 26 avril 1770. Cette inscription rappelait le souvenir des embellissements qu'Ibrahim ben Ismaël avait fait exécuter, après sa nomination aux fonctions de kheznadar (5), dans la chambre qu'il habitait, alors qu'il partageait l'existence peu luxueuse des janissaires de l'odjak n° 257, ses compagnons d'armes. Cette fort jolie cham-

---

(1) Année hégirienne.

(2) Année grégorienne.

(3) Ces deux qualificatifs se rapportent à Dieu et non au personnage dont le nom suit.

(4) Trésorier particulier du dey.

(5) Il devint ensuite kheznadji ou grand-trésorier de la Régence.

bre, un peu basse sous son plafond peint et donnant sur la rue Bab Azoun, était entièrement tapissée de carreaux vernis et coupée par deux divisions de quatre arcades ogivales que supportaient trois élégantes colonnes rondes en marbre. En dernier lieu, le proviseur en avait fait son cabinet.

Après avoir été affectée à un hôpital militaire, la caserne Bab-Azoun fut occupée pendant plusieurs années par le lycée. Elle a été démolie en avril 1870 pour faire place à un futur palais de justice, dont l'emplacement est actuellement garni de constructions provisoires.

N° 113. Inscription turque en quatre lignes ; caractères creux remplis de plomb ; type oriental, bon. Plaque en marbre mesurant 0m405 de largeur sur 0m38 de hauteur. Remis au Musée par le service des Bâtiments civils, en 1870. (M. Albert Devoulx, *Alger*).

ایدوب بنیاد قویدی اثر فناده

نظیری بو قدور لطف سخاده

حسن پاشا وزیر حسن خصلت

مکافاتن بوله روز جزاده سنه ۱۲۱۱

Je traduis ainsi d'après Mohammed ben Otsman Khodja :

A fait cette construction afin qu'elle reste comme une trace de lui dans ce monde périssable, celui qui n'a pas son pareil pour la bonté et la générosité, Hassan pacha, vizir aux excellentes qualités. Au jour de la Rétribution, il trouvera sa récompense. Année 1211.

L'année ci-dessus a commencé le 7 juillet 1796 et fini le 25 juin 1797. Cette inscription consacrait le souvenir d'embellissements faits par Hassan pacha dans celle des chambres de la caserne Bab-Azoun (ancien lycée), qu'il avait habitée avant son élévation au pouvoir, alors qu'il partageait le sort des janissaires composant l'odjak n° 138. Cette pièce, donnant sur la mer, était revêtue en entier d'un parement de carreaux vernis et coupée par une division formée de quatre arcades ogivales soutenues par trois colonnes cannelées, en marbre. Son plafond peint offrait des baguettes dessinant des losanges. Cette belle et élégante chambre était, en dernier lieu, le salon du proviseur.

N° 114. Inscription turque en quatre lignes; caractères remplis de plomb; type oriental, bon. Plaque en marbre mesurant 0m54 de largeur sur 0m31 de hauteur. Remis au Musée, en 1870, par le service des Bâtiments civils. (M. Albert Devoulx, *Alger*).

عرب اغاسی ابراهیم اغا
مال حلالدن ایلدی انشا
ویره مرادک اول فرد الله
جنت ایچنده فردوس اعلا (1) ١٢٤٣

Je traduis ainsi d'après feu Mohammed ben Otsman Khodja :

L'aga des Arabes, Ibrahim aga, de son bien légitime, a établi ce lieu. Que Dieu, l'Unique, réalise ses désirs et l'introduise dans le ciel le plus élevé du Paradis! Année 1243.

L'année hégirienne indiquée ci-dessus a commencé le 25 juillet 1827 et fini le 13 juillet 1828. Cette inscription rappelait des embellissements faits dans l'une des chambres de la caserne de Bab-Azoun (ancien lycée), par Ibrahim, aga des Arabes de la Régence et beau-fils du dernier dey, lequel perdit contre l'armée française la bataille de Staouéli, le 19 juin 1830. Cette chambre, ornée d'une double colonnade en marbre et d'un revêtement de carreaux en faïence vernie, se trouvait dans la partie occidentale de l'édifice et donnait par conséquent, sur la rue Bab-Azoun. Elle fut le berceau de la bibliothèque publique et avait été affectée, en dernier lieu, au cabinet de physique du lycée. J'ai déjà dit que cette caserne a été démolie en 1870.

---

(1) Cette date est placée au-dessus du premier mot de la dernière ligne.

N° 115. Inscription arabe en relief; six lignes; la 1re ligne manque ainsi que le commencement de la 2e : elles ont été brisées lors de la démolition de la porte de la Marine, en mai 1870; type barbaresque, mauvais, mal exécuté. Tablette en marbre de mauvaise qualité. Largeur : 0m48; hauteur : 0m585. Remise au musée par le service du Génie en 1871. (M. Albert Devoulx, *Alger*).

Les caractères de cette inscription sont très-enchevêtrés et d'une exécution si mauvaise qu'elle les rend souvent illisibles. De plus, le marbre, de très-mauvaise qualité, a beaucoup souffert du voisinage de la mer et aussi de restaurations effectuées dans une bonne intention mais qui ont eu pour effet de rendre la lecture encore plus difficile. Cette inscription avait disparu sous une épaisse croûte de chaux formée par un grand nombre de couches successives, et n'a été retrouvée que lors des réparations effectuées en 1854. Ces circonstances défavorables m'obligent à faire des réserves très-expresses au sujet de la lecture que je suis parvenu à faire avec beaucoup de peine, mais dont je ne puis garantir l'exactitude. La première ligne et le commencement de la 2e existaient lorsque j'ai fait un estampage vers 1868, mais on les a détruites accidentellement lors de la démolition de la porte de la Marine, en mai 1870.

Voici un essai de lecture que je ne présente que sous réserves :

بحمده هذا باب جديد سعيد * جهازها فيه لنا نعم المجد من
الاله الحميد

في ايام السلطان مراد صان علاه المجيد * فقلت اهلا يا باب
لا فارقتك السعود

مفتوحا فانت باب جود ونصر جديد * ولقد تنك حداك
ديار فيها جنود

في يوم عيد سرور وتهزم اسود * نصرلهم وفتح قريب وفضل وجود

تمه المعلم موسى الاندلسي الفريد * فالله يجزيه .... حافظ جميع الوجود

وذلك في دولة مولانا حسن باشا * ايده الله عام ١٥٣٩

A sa louange, ceci est une porte nouvelle, heureuse.·. Son existence nous procurera la plus grande gloire de la part du Dieu digues d'éloges.

(Elle a été établie) pendant les jours du sultan Mourad, que le Glorieux (Dieu), perpétue son élévation.·. Je dis donc : sois la bienvenue, ô porte ! que les félicités ne t'abandonnent pas !

Tant que tu seras ouverte, tu seras la porte de la générosité et d'une nouvelle victoire.·. Tu as dans ton voisinage deux casernes renfermant des troupes

qui dans un jour de fête manifesteront leur allégresse et bondiront comme des lions.·. Pour elles un triomphe, une victoire nouvelle et la supériorité sont préparés.

L'a achevée le maître (maçon) Moussa l'andalou, l'unique.·. Que le récompense Dieu.... .·., gardien de toutes les créatures.

Et cela sous le règne de notre maître Hassan pacha .·., que Dieu l'assiste ! année 1039.

Les deux casernes dont il est question dans la 2e partie de la 3e ligne, sont la caserne dite *d'Osta Moussa*, aujourd'hui caserne Lemercier et celle qui était en face et qu'on nommait *Dar eddroudj* (caserne de l'escalier) parcequ'on y accédait par quelques marches. Elles étaient toutes les deux presque contigües à la porte de la Marine. Dans la date, le zéro est représenté par le signe ٥ qui vaudrait 5 aujourd'hui. L'année hégirienne 1039 a commencé le 21 août 1629 et fini le 9 août 1630.

Cette inscription surmontait la porte placée à l'extrémité de la rue de la Marine et formant la seule communication entre la ville et le port. Les Européens ont successivement appelé cette issue : porte du Môle, porte de la Douane, porte de la Marine, et, depuis 1830, porte de France. Les indigènes lui donnaient indifféremment deux noms : *Bab-el-Djihad*, la porte de la guerre sainte, dénomination des plus significatives surtout employée dans les écrits, et *Bab-Dzira*, contraction de *Bab-el-Djezira*, la porte de l'île, en souvenir du principal des îlots sis en face de la ville et sur lesquels ont été établis les jetées formant le port. Le nom de *Bab-Dzira* s'employait aussi pour désigner le port, la Marine, l'ensemble des établissements maritimes. Au dessus de la porte qui nous occupe, existaient, gravées sur une pierre et recouvertes de peintures, les armoiries ci-contre, qu'on pourrait décrire ainsi :

Ecusson en forme de cœur reposant par la pointe sur une boule et placé sous une couronne surmontée d'un croissant. Dans le champ, étoile formée de deux triangles entrecroisés, avec croissant au centre, ce qui s'appelle à Alger *Khatem Sidna Sliman* (le sceau de notre seigneur Salomon); quatre drapeaux tricolores (rouge, vert, jaune), placés par deux de chaque côté et en sautoir, accompagnaient cet écusson qui avait pour supports deux lions grimpants dont les pattes de derrière reposaient sur des canons, et qui était surmonté de deux navires (1). Les musulmans n'ayant pas adopté l'usage des armoiries, il est évident que pour eux ce dessin était simplement une ornementation et n'avait nulle autre signification. Ces armoiries de fantaisie devaient être l'œuvre d'un esclave chrétien qui lors de la reconstruction de la porte aura mis au service des Turcs ses talents en sculpture et ses souvenirs héraldiques, si inopportuns que fussent ces derniers. Lors des réparations faites en 1854, ces armoiries étaient en si mauvais état, grâce à la mauvaise qualité de la pierre et à l'effet destructeur de l'air de la mer, que le Génie les jeta à l'eau après en avoir exécuté une reproduction en plâtre colorié, laquelle figura aux lieu et place de l'original jusqu'en 1870, époque à laquelle elle fut complètement détruite par la démolition de la porte.

En 1570, un étendard à la croix blanche de Malte, une bannière avec la tête de St-Jean-Baptiste, et des boucliers, pris sur les chevaliers de Malte, étaient suspendus à la porte de la Ma-

---

(1) Une partie de cette description est empruntée à Berbrugger.

rine. Ces trophées furent enlevés et brûlés devant le pacha Hassan, rénégat vénitien, huit ans après, sur la réclamation des marabouts et des ulemas, scandalisés que les emblêmes de la religion chrétienne ornassent, même à titre de dépouilles, la porte d'une ville musulmane.

Les cloches trouvées à Oran lors de la prise de cette ville sur les Espagnols, en 1708, figurèrent aussi sur cette porte pendant quelque temps. Au dessous de l'arcade intérieure on remarquait une côte énorme que les indigènes disaient provenir de géants dont on aurait trouvé les ossements monstrueux en creusant les fondations des premières maisons d'Alger, mais qui, en réalité, appartenait à quelque cétacé échoué jadis sur le littoral (1).

Cette issue importante était défilée et contre défilée. Elle se composait de voûtes qui au moyen de trois coudes à angle droit venaient déboucher dans la rue de la Marine. Au fond de la première voûte était établie, au-dessus d'une estrade en maçonnerie, une niche réservée au bouab ou portier-consigne qui s'y tenait depuis l'aurore jusqu'au commencement de la nuit. Une de ces voûtes existe encore au rez-de-chaussée de la caserne Lemercier.

En mai 1870, cette ancienne porte de la ville, restaurée en 1854, mais qui n'était plus utilisée et qu'on conservait comme souvenir, a été démolie pour l'agrandissement des annexes de la caserne Lemercier.

N° 116. Inscription turque en relief; quatre lignes; incomplète, la partie de droite manquant; bon type oriental. Partie gauche d'une plaque de marbre; largeur : ; 0m49 ; hauteur : Cm44 ; donnée au Musée par M. Bosquet, en 1872. (M. Albert Devoulx, *Revue africaine*, tome 16, page 144. Le même, *Alger*.

.... حیات ویر رهـر اسانه

.... بـز نشارایچون قودی خیراهل میدانه

... اس میدان عجب سعی بلیغ اتدی

(1) Berbrugger.

. . . دوشدى تاريخى(1) د. . . انى غنچه بانه

Je traduis ainsi d'après feu Mohammed ben Otsman Khodja.

.... il donne aux créatures toutes les commodités.

.... pour les largesses, il l'a établi comme un bienfait à l'usage des gens de l'arène.

.... Il a accompli une œuvre digne de la plus grande admiration, pour les gens de l'arène.

.... Sa date est renfermée dans (les mots suivants) : le gouverneur de son époque est un bouton de rose.

Suivant l'habitude, le chronogramme annoncé n'offre pas toute la clarté désirable. Comme l'addition des trois derniers mots du texte turc forme un total de 1386, ce qui est un résultat inadmissible, il faut se restreindre aux deux derniers mots, lesquels donnent pour somme le nombre 1116, date possible et qui correspondrait à l'année 1704-1705 de J.-Chr.

Cette inscription a été recueillie par M. Bosquet au moment où elle allait être détruite par les ouvriers qui démolissaient un bâtiment dans lequel elle gisait, ignorée, depuis bien des années. Personne n'a donc pu donner de renseignements sur sa provenance. D'après les recherches que j'ai effectuées, elle devait rappeler la construction d'un local bâti à l'usage des *meguarchia* ou lutteurs, qui se livraient à leurs exercices sur un midan (arène) sis hors de la porte du Ruisseau (Bab-el-Oued), près du palmier des fours à chaux (1).

---

(1) Un coup de pioche a enlevé le mot qui suit تاريخى et n'a laissé que la première lettre, un د isolé. On distingue cependant la partie supérieure d'un ه à lié gauche seulement, et suivant immédiatement le د. Il est à supposer que le groupe دهر se trouvait en cet endroit.

(2) Voir l'article que j'ai publié dans la *Revue africaine*, tome 16, page 143.

RECTIFICATION.

Inscription n° 16.

Cette inscription turque, gravée sur une plaque et non sur une *stèle*, forme trois lignes et non *une seule ligne divisée en trois cartouches.* (1) Elle se lit ainsi :

على باشا نشان ايچون بوعينه

قتى زياد اتداى بنى روانه

سنة ستة وسبعون ومائة والف

M. le capitaine d'Etat-major Delcambe a relevé cette inscription, dans les deux ou trois premières années de la conquête française (2), en l'indiquant comme figurant sur une fontaine appelée *Aïn el-Kiçaria.* Cette note prise sur place avant la transformation des lieux, par un travailleur intelligent et digne de confiance, dissipe l'incertitude qui existait au sujet de la provenance de l'inscription dont il s'agit. La quartier *d'El-Kiçaria* a été démoli, peu de temps après 1830, pour l'établissement de la place du Gouvernement, et il est facile de comprendre ce qui s'est passé ; la plaque de la fontaine, au lieu d'être mise en sûreté par les agents de l'administration, est tombée entre les mains de spéculateurs ou de collectionneurs inintelligents, a été utilisée dans une campagne sise à Hussein-Dey, et donnée enfin, par M. Sabatault au Musée, en 1845, sans que le souvenir de son ancienne affectation se fut conservée. Bien des épigraphes ont été détruites ou détournées sans profit pour personne, et malheureusement le procédé louable de M. Sabatault n'a pas toujours été imité.

*

La section indigène du Musée archéologique d'Alger offre

---

(1) C'est en recopiant les notes que j'avais prises, que j'ai commis cette erreur, résultat d'une confusion.

(2) Voir la note du N° 30.

cent seize numéros d'ordre, ci.	116
Auxquels il faut ajouter six numéros bis	6
Total.	122
Les objets sans inscription, étant au nombre de. . .	13
Le nombre des inscriptions est réellement de. . . .	109
A déduire une inscription hébraïque et deux inscriptions latines, soit	3
Les inscriptions turques et arabes s'élèvent à.	106

On compte :

Inscriptions turques.	28
Inscriptions arabes.	78
Total égal.	106

Ces 106 épigraphes turques et arabes se divisent en épitaphes et en inscriptions rappelant des constructions et divers travaux, savoir :

ÉPITAPHES.

1° Epitaphes de pachas (Nos 7, 8, 11, 20, 21, 42, 60)	7	53
2° Epitaphes de parents de pachas (Nos 4, 43). .	2	
3° Epitaphes de fonctionnaires divers (Nos 13, 14, 23, 47, 88).	5	
4° Epitaphes de particuliers.	14	
5° Epitaphes de pieds (ne renfermant aucun nom)	24	
6° Epitaphe illisible.	1	

A reporter. . . . 53

Report. . 53

INSCRIPTIONS

Fortifications. Forts (Nos 1, 19, 29, 31, 65, 74)	6	8			
Fortifications. Porte de la Marine (No 115).	1				
Fortifications. Fossé de l'enceinte (No 24). .	1				
Casernes (Nos 9, 25, 33, 44, 45, 66, 80, 112, 113, 114).		10			
Magasins aux grains (Nos 32, 34, 78).		3			
Jénina ou ancien palais des pachas (Nos 27, 37, 38, 39, 84).		5	47		
Edifices religieux (Nos 2, 17, 36, 46, 50, 54, 75, 76, 81, 86, 87).		11			
Edifices inconnus.		3		52	
Fontaines (Nos 3, 16, 18, 35, 48, 79).		6			
Arène des lutteurs (No 116).		1			
Pont de l'Harrach, près d'Alger — (No 92). .		1			
Constantine (No 26)		1	5		
Médéa (Nos 49, 90, 91).		3			
Inscription peinte par Bresnier.					1
Total égal.					106

UN MUSÉE MURAL A ALGER

Le 8 mars 1845, vers dix heures du soir, une violente explosion mettait la population d'Alger en émoi : une poudrière venait de sauter à la Marine, en faisant de nombreuses victimes et en détruisant une partie des ouvrages qui avoisinaient le phare. Sur la façade d'une poudrière construite quelque temps après, dans une portion de la brèche créée par ce sinistre dont les causes sont restées ignorées, le Génie a encastré une certaine quantité d'inscriptions arabes, turques, hébraïques et espagnoles. Les pièces de ce musée en plein vent proviennent, en général, des cimetières de Bab-el-Oued, et on aurait pu les utiliser plus convenablement qu'en les transportant de si loin en ce lieu solitaire où les piques des artilleurs en faction tiennent à distance respectueuse les épigraphistes trop curieux (1).

La porte de la nouvelle poudrière est garnie d'un encadrement en marbre surmonté d'une double inscription turque, qui provient du fort appelé *Bordj essardine* (le fort des sardines). A cinquante centimètres du sol, sont placées vingt-quatre inscriptions, dont treize à gauche et onze à droite de la porte. Je vais les publier en leur donnant un numéro d'ordre basé sur la position qu'elles occupent pour celui qui tournant le dos à la ville, les compte en commençant par la gauche.

---

(1) Pour relever ces inscriptions, j'ai dû me munir d'une autorisation spéciale, qui m'a d'ailleurs été accordée avec une bonne grâce et un empressement pour lesquels j'exprime ici toute ma reconnaissance.

N° 1 (1). Inscription turque en quatre lignes.

ابراهيم بك اندى بو بيتى معمور
ويره حق جنت اجنده عالى مقصور
يازيلوب تاريخى بيت رودسلى
چونقش ايدن اوله دائما مبرور

Je traduis ainsi d'après feu Mohammed ben Otsman Khodja.

Ibrahim bey a fait cette chambre florissante. Que la vérité (Dieu) lui donne dans le paradis le plus élevé des palais ! Sa date se trouve dans ces mots : la chambre du Rhodien. Puisse l'ouvrier qui a gravé cette inscription être sans cesse agréable à Dieu.

En opérant d'après la méthode barbaresque (2) on trouve 962, année hégirienne qui correspondrait à l'année 1554-55 de J.-Ch. Mais j'ai eu trop souvent occasion de constater l'inexactitude et l'obscurité des chronogrammes pour présenter ce résultat comme certain. Cette inscription rappelait évidemment le souvenir de dépenses voluptuaires faites dans une chambre de caserne, mais il est impossible d'établir quelle était cette caserne.

N° 2. Inscription arabe en trois lignes.

هذا قبر المرحوم
بكرم الله
مصطفى بن محمود

---

(1) Les inscriptions numérotées par moi de 1 à 13, sont sises à gauche de la porte de la poudrière.

(2) La méthode orientale ne donne que 722, ce qui est un résultat absolument inadmissible.

Ceci est le tombeau de celui à qui il a été fait miséricorde par la bonté de Dieu, Mustapha ben Mahmoud.

N° 3. Inscription arabe en cinq lignes.

لا اله الا الله محمد

رسول الله الصادق الوعد

المبين صلى الله عليه و

على اله وصحبه

وسلّم تسليما

Il n'y a d'autre Dieu que Dieu. Mohammed est l'envoyé de Dieu ; il est sincère dans ses promesses ; il explique clairement. Que Dieu répande ses grâces sur lui, ainsi que sur sa famille et sur ses compagnons et qu'il leur accorde le salut.

N° 4. Inscription arabe en trois lignes.

لا اله الا الله الملك الحق المبين محمّد

رسول الله صادق الوعد الامين صلّى الله

عليه وعلى اله وسلم

Il n'y a d'autre dieu que Dieu, le Souverain, la Vérité, l'Evident. Mohammed est l'envoyé de Dieu ; il est sincère dans ses promesses et digne de confiance. Que Dieu répande ses grâces sur lui ainsi que sur sa famille, et qu'il leur accorde le salut.

N° 5 Inscription turque en quatre lignes.

اه من الموت

بو مرقده هركيم ايدرسه

دعا ايده محشرده شفاعت مجتنا

مرحوم ومغفور له

Je traduis ainsi d'après feu Mohammed ben Ostman Khodja.

Que la mort est affligeante ! Quiconque priera sur cette tombe, obtiendra, le jour de la réunion du genre humain, le pardon et la miséricorde (de Dieu), par l'intercession (du prophète).

N° 6. Inscription arabe.

لا اله الا الله الملك الحق المبين محمد
رسول الله الصادق الوعد الامين صلى الله

Fragment d'une autre stèle.

الملك لله

Il n'y a d'autre dieu que Dieu, le Souverain, la Vérité, l'Evident. Mohammed est l'envoyé de Dieu ; il est sincère dans ses promesses, digne de confiance. Que Dieu répande ses grâces....

(Autre fragment).

La royauté appartient à Dieu.

N° 7. Inscription française.

LIMITE DES RAVAGES DE L'EXPLOSION DU 8 MARS 1845.

N° 8. Inscription arabe en cinq lignes.

ذا قبر المرحوم محمد ابن على
ابن المهدى رحمه الله
وكانت وفاته في شهر الله
ذى الحجة
سنة ١٢٣٣

Ceci est le tombeau de celui à qui il a été fait miséricorde, Mohammed fils d'Ali, fils d'El-Meledi. Que Dieu lui fasse miséricorde. Son décès a eu lieu dans le mois de Dieu doul-Hidja de l'année 1233.

La date indiquée ci-dessus est comprise entre le 2 et le 30 octobre 1818.

N° 9. Inscription turque en cinq lignes.

اه من الموت

بو مرقده هركيم ايدرسه دعا

ايده محشرده شفاعة مجتنا

روحنه الفاتحه

سنة ١٢٣٠

Que la mort est affligeante ! Quiconque priera sur cette tombe obtiendra l'intercession (du prophète) le jour de la réunion (du genre humain). La Fatcha (1) pour son âme ! Année 1230.

L'année indiquée sur cette épitaphe a commencé le 14 décembre 1814 et fini le 2 décembre 1815.

N° 10. Inscription arabe en deux lignes.

هذا قبر المرحوم بكرم الله

محمد بن مام غفر الله لهما توفى سنة ١٠١٩

Ceci est le tombeau de celui à qui il a été fait miséricorde par la bonté de Dieu,

Mohammed fils de Mami, que Dieu fasse miséricorde à tous les deux. Il est décédé en 1019.

L'année ci-dessus a commencé le vendredi 26 mars 1610 et fini le mardi 15 mars 1611.

---

(1) Voir le n° 7 du catalogue du Musée.

Nº 11. Inscription arabe en deux lignes.

لا الہ الا الله محمد رسول الله

الصادق الوعد المبين

Il n'y a d'autre divinité que Dieu. Mohammed est l'envoyé de Dieu, Sincère dans ses promesses, Évident.

Nº 12. Inscription arabe en deux lignes.

لا اله الا الله محمد رسول الله الصادق الامين صلى الله

عليه وسلم

Il n'y a d'autre divinité que Dieu. Mohammed est l'envoyé de Dieu ; il est sincère, digne de confiance. Que Dieu répande ses grâces sur lui et lui accorde le salut !

Nº 13. Inscription turque (deux lignes).

عمر باشا حق ويرسك عمر بوني خوش ايلدى

يول الوبن بواوده شمددن تعمير ايلدى

سنة ١٢٣١

Je traduis ainsi d'après feu Mohammed ben Otsman Khodja.

Omar Pacha a effectué ici la plus belle œuvre. Que Dieu prolonge son existence ! Il a supprimé actuellement le chemin qui passait par là et a restauré cette chambre. Année 1231.

L'année hégirienne 1231 a commencé le 3 décembre 1815 et fini le 20 novembre 1816. Le pacha Omar fils de Mohammed, sous le règne duquel eurent lieu l'expédition américaine commandée par le commodore Decatur, en 1815, et le bombardement d'Alger en 1816, par la flotte anglo-hollandaise sous les ordres de lord Exmouth, appartenait à l'odjak (compagnie) de janissaires nº 232, lequel était logé dans la chambre dite *bit Baba Hassan*, la huitième à droite en franchissant la porte d'entrée de la caserne d'*eddroudj* (des escaliers), ainsi nommée parce qu'on y accédait par quelques marches. Cette caserne, que nous nommâmes *ca-*

serne des Consuls, en 1830, parce qu'elle était en face de la rue de ce nom, fut démolie peu d'années après la conquête. Il me parait assez probable que l'inscription qui nous occupe provient de cet édifice.

N° 14 (1). Inscription turque en quatre lignes.

همتی صرف ايلـه تمهيد احسان ايلدی
قصد ايدوب رضاء حق بيت تجديد ايلدی
بيك ايكيوز تاريخنده اول محمد عرب بك
جملة خيراته بونی الحاقه تقييد ايلدی

Je traduis ainsi d'après feu Mohammed ben Otsman Khodja.

Dans sa sollicitude et sa bienfaisance constante.

Il a restauré cette chambre dans le but de mériter la satisfaction de la Vérité (Dieu).

En l'année mil deux cents. Et il est Mohammed bey de l'Ouest.

Cela sera ajouté à l'inscription de tous ses bienfaits.

L'année hégirienne 1200 a commencé le 4 novembre 1785 et fini le 26 octobre 1786. Il s'agit évidemment de dépenses voluptuaires effectuées par le bey Mohammed dans la chambre qu'il habitait quand il n'était que simple janissaire. Mais je n'ai pu reconnaître dans quelle caserne se trouvait cette chambre que le soldat parvenu au pouvoir avait embellie pour se concilier les sympathies de ses anciens compagnons d'armes.

N° 15. Inscription arabe en quatre lignes.

هذا قبـر المرحوم المنغمس في رحمة الحي
القيـوم السيد الحاج ابراهيم ابن المرحوم
ابراهيم باشا رحمه الله ورحم المسلمين اجمعين
امين سنة ١٢١٠

(1) A partir de ce numéro les inscriptions sont à droite de la porte de la poudrière en entrant.

Ceci est le tombeau de celui à qui il a été fait miséricorde, qui est plongé dans la miséricorde du Vivant,

de l'Immuable, le Seigneur El-Hadj Ibrahim, fils du défunt Ibrahim pacha. Que Dieu lui fasse miséricorde et fasse miséricorde à tous les musulmans.

Amen ! année 1210.

Un intérêt historique, très-faible il est vrai, s'attache à cette épitaphe de fils de pacha, dont la date est comprise entre le 18 juillet 1795 et le 6 juillet 1796.

N° 16. Inscription arabe en trois lignes.

هذا قبر المرحوم بكرم الله الحى القيوم

امحمد بن محمد بن عمار رحمه الله يا رب

العالمين توفى فى اول شهر صفر سنة ١١٥٥

Ceci est le tombeau de celui à qui il a été fait miséricorde par la bonté de Dieu, le Vivant, le Subsistant,

Emhammed fils de Mohammed fils d'Amar, que Dieu lui fasse miséricorde, ô souverain

de l'Univers ! Il est décédé au commencement du mois de Safar de l'année 1155.

La date ci-dessus est comprise entre le 7 et le 16 avril 1742.

N° 17. Inscription arabe en trois lignes.

لا اله الا الله محمد رسول الله الصادق

الامين صلى الله عليه وسلم تسليما كثيرا الى

يوم الدين

Il n'y a d'autre dieu que Dieu. Mohammed est l'envoyé de Dieu ; il est sincère,

digne de confiance. Que Dieu répande ses grâces sur lui et lui accorde abondamment le salut jusqu'au jour de la rétribution.

N° 18. Inscription turque en cinq lignes.

اه من الموت

بو مرقده هركيم ايدرسه دعا

ايده محشرده شفاعت محبتنا

روحنه الفاتحه

سنة ٣٨..

Hélas ! La mort !
Quiconque priera sur cette tombe, obtiendra l'intercession au jour de la Réunion. La Fateha (1) pour son âme ! Année ...38.

N° 19. Inscription française.

DÉBRIS
DE TOMBEAUX
PROVENANT
DES FORTIFICATIONS
DE BAB-EL-OUED.

Cette plaque nous apprend que les épitaphes ou portions d'épitaphes qui figurent dans cette collection murale ont été recueillies par le Génie lors de l'établissement de la nouvelle enceinte d'Alger, dans la partie sise en avant de l'ancienne porte Bab-el-Oued. Mais elle généralise trop, car il est incontestable que les quatre inscriptions portant les Nos 1, 13, 14 et 24 de ma série, ont été trouvées ailleurs que dans les cimetières de ce quartier. D'un autre côté, il n'est malheureusement que trop certain que ce musée en plein vent ne contient qu'une bien petite partie des nombreuses épigraphes qu'offrait l'ancien état des lieux.

N° 20. Inscription turque en cinq lignes.

اه من الموت

بو مرقده هركيم ايدرسه دعا

(1) Premier chapitre du Coran.

ايده محشرده شفاعت مجتنا

روحنه الفاتحه

سنة ٢٨ . .

Hélas ! la mort !

Quiconque priera sur cette tombe, obtiendra l'intercession du (prophète) au jour de la Réunion (du genre humain). La Fateha pour son âme ! Année... 28.

N° 21. Inscription arabe en trois lignes.

لا اله الا الله الملك الحق المبين

محمد رسول الله صادق الوعد الامين

صلى الله عليه وسلم

Il n'y a d'autre dieu que Dieu, le Possesseur, la Vérité, l'Evident.

Mohammed est le prophète de Dieu ; il est sincère dans ses promesses et digne de confiance.

Que Dieu répande ses grâces sur lui et lui accorde le salut !

N° 22. Inscription arabe en quatre lignes.

هذا قبر المرحوم بكرم الله محمد

بن رمضان رحمه الله مات في شهر

جمادى الاخير عام سبعة وخمسين بعد

الالف

Ceci est le tombeau de celui à qui il a été fait miséricorde par la bonté de Dieu Mohammed,

fils de Ramdan, que Dieu lui fasse miséricorde ! Il est mort dans le mois

de djoumada dernier, de l'année cinquante-sept après mille.

La date indiquée sur cette épitaphe sans importance, est comprise entre le 4 juillet et le 1er août 1647.

N° 23. Inscription arabe en trois lignes.

هدا قبر المرحوم بكرم الله ابراهيم
بن الحاج محمد العربي بن چبچ ابراهيم
عام ١١٥٥

Ceci est le tombeau de celui à qui il a été fait miséricorde par la bonté de Dieu, Ibrahim,

fils d'El-Hadj Mohammed l'arabe (el-Arbi), fils de Tchebtchi Ibrahim.

An 1155.

L'année hégirienne indiquée ci-dessus a commencé le 8 mars 1742 et fini le 24 février 1743.

N° 24. Inscription arabe en cinq lignes.

جدد هذا المكان الجميل الاوفى
قاصدا رضاء من له العز وكفى
عشجي على بن المرحوم مصطفى
سنة اربع وثمانين ومائة والف
من هجرة صاحب الوفى

A reconstruit ce lieu béni et complet,

dans l'intention de mériter la satisfaction de celui qui possède la puissance, et il suffit.

Ahtchi Ali, fils du défunt Mustapha.

En l'année mil cent quatre-vingt-quatre

de l'émigration de celui qui est sincère.

L'année hégirienne 1184 a commencé le 27 avril 1770 et fini le 15 avril 1771. Cette inscription est semblable à celle qui porte le N° 25 du catalogue du musée, laquelle présente, toutefois, la variante رب له العز au lieu de من له اللعز à la seconde ligne. Il m'a été impossible de reconnaître de quel édifice elle provient.

N° 25 et dernier. Inscription espagnole en cinq lignes, placée au-dessus des inscriptions arabes, à gauche de la porte de la poudrière, en entrant (1). Caractères en relief; très-mauvaise exécution.

SEDSpAChO
ESECASTILLO
EL ANO D1777
MAESTRO DMI
TRILIBADIOTI

Le D de la première ligne et celui de la troisième renferment évidemment un E sous-entendu. La 5e lettre et la 8e lettre de la première ligne sont frustes; je crois que l'une est un P et l'autre un H. On pourrait alors lire comme il suit :

Se despacho
Ese castillo
El ano de 1777
Maestro D. M. J.
Trilibadioti.

A achevé ce fort, en l'année 1777, maître D. M. J. Trilibadioti.

Cette inscription se trouvait placée, avant 1845, dans la cour intérieure du fort dit *Bordj essardine*, à la Marine. Il me paraît certain qu'elle provient de l'un des forts d'Oran et qu'elle aura été apportée ici, après la seconde prise de possession de cette ville par les Algériens, en 1792, comme l'avaient été les cloches en 1708. On ne saurait expliquer autrement, ce me semble, la présence à Alger, d'une inscription qui ne peut appartenir à aucun des ouvrages de cette ville.

---

(1) A côté de cette plaque se trouvent quatre inscriptions en caractères hébraïques, lesquelles sont probablement des épitaphes.

DU MÊME AUTEUR

1° OUVRAGES PUBLIÉS :

TACHERIFAT, recueil des notes sur l'administration de l'ancienne Régence d'Alger. Vol. in-8°. Alger. Imp. du Gouvernement, 1852.

HABOUS (Notice sur le). Alger, 1853.

COOPÉRATION DE LA RÉGENCE D'ALGER à la guerre de l'indépendance grecque. Alger, 1858.

LE RAIS HAMIDOU, notice biographique sur le plus célèbre corsaire algériens du XIIIe scièclé de l'hégire. Vol. in-12. Alger, Dubos, 1859, Prix : 2 fr.

CONCORDANCE DES CALENDRIERS GRÉGORIEN ET HÉGIRIEN pour le XIIIe siècle de l'hégire. Alger, Madame Veuve Philippe, 1860. Prix : 1 fr. 50 c.

LES CORPORATIONS RELIGIEUSES D'ALGER. Alger, Bastide, 1861. Brochure in-8°. Prix : 0 fr. 50.

LES ARCHIVES DU CONSULAT DE FRANCE A ALGER. Alger Bastide, 1865. Vol. in-8°. Prix : 3 fr. 50 c.

LE LIVRE DES SIGNAUX DE LA FLOTTE ALGÉRIENNE, traduction, avec pavillons coloriés, d'un document inédit et authentique, tirés à 100 exemplaires numérotés Alger, 1867. Prix : 5 fr.

LA MARINE DE LA RÉGENCE D'ALGER. Alger, 1869, vol. in-8°. Prix : 1 fr.

LES ÉDIFICES RELIGIEUX DE L'ANCIEN ALGER. Alger, 1870, vol. in-8°. Prix : 4 fr.

LE LIVRE D'OR DES ISRAÉLITES ALGÉRIENS, recueil de renseignements authentiques sur les principaux négociants juifs d'Alger, pendant la domination ottomane (par J. M. Haddey). Alger, 1872. Vol. in-15. Prix : 1 fr. 25 c.

LE REGISTRE DES PRISES MARITIMES, traduction d'un document authentique et inédit concernant le partage des captures amenées par les corsaires algériens. Vol. in-8°. Alger, 1872.

2° OUVRAGES TERMINÉS

ALGER, étude archéologique et topographique sur cette ville aux époques romaine (Icosium), berbère (djezaïr Beni Mazr'anna) et turque (El-Djezaïr), accompagnée de cartes, plans, fac-simile d'inscriptions, vues et dessins, ouvrage couronné au concours académique d'archéologie en 1870 (Algérie).

INVENTAIRE général des archives du consulat général de France à Alger.

GRAND DICTIONNAIRE FRANÇAIS-ARABE, contenant tous les mots (avec les voyelles) de l'idiôme littéral et des dialectes parlés en Algérie. 2 vol. grand in-8° de 1200 pages, sur 2 colonnes.

DICTIONNAIRE ARABE-FRANÇAIS, contenant les mots les plus usités de l'idiôme littéral (avec les voyelles), et tous les mots des dialectes parlés dans les diverses parties de l'Algérie ; avec les pluriels, le fémimin, l'indication du genre, etc.. Un vol. grand in 8° de 1600 pages, environ, sur 2 colonnes.

3° OUVRAGES EN PRÉPARATION

L'ODJAK D'ALGER, étude sur l'organisation politique et militaire de la Régence d'Alger, accompagnée d'environ 500 documents *inédits et authentiques*.

EL MEKHAZENIYA, étude sur l'organisation administrative et judiciaire de la Régence d'Alger, accompagnée d'environ 400 documents inédits.

LES CHEFS DE LA RÉGENCE D'ALGER, essai de chronologie des pachas, agas, deys et pachas-deys d'Alger avec documents, renseignements et fac-simile de cachets.

LA CHRÉTIENTÉ DEVANT LA RÉGENCE D'ALGER, notice sur les tributs payés à Alger par diverses puissances européennes.

GLANURES HISTORIQUES, recueil de documents inédits concernant l'histoire intérieure d'Alger ; avec notes et éclaircissements.

CHRESTOMATHIE HISTORIQUE, recueil de documents inédits relatifs à l'histoire extérieure d'Alger ; avec notes et éclaircissements.

LE REGISTRE DES ESCLAVES CHRÉTIENS, traduction d'un document inédit et authentique concernant la vente des chrétiens capturés par les corsaires algériens.

LES RAIS ALGÉRIENS, notice sur les plus célèbres corsaires d'Alger.

TABLETTES ALGÉRIENNES, recueil de renseignements his-historiques concernant les relations de la Régence d'Alger avec l'Egypte et les Régences de Tunis et de Tripoli.

VENT-DANS-LES-ROSEAUX, notice sur une célèbre courtisane algérienne.

HISTOIRE D'ALGER.

Alger. — (Maison Bastide.) Typ. A. Jourdan.

DU MÊME AUTEUR

1° OUVRAGES PUBLIÉS

TACHERIFAT, recueil des notes sur l'administration de l'ancienne Régence d'Alger. Vol. in-8°. Alger. Imp. du Gouvernement, 1852.

HABOUS (Notice sur le). Alger, 1853.

COOPÉRATION DE LA RÉGENCE D'ALGER à la guerre de l'indépendance grecque. Alger, 1858.

LE RAIS HAMIDOU, notice biographique sur le plus célèbre corsaire algérien du XIIIe siècle de l'hégire. Vol. in-12. Alger, Dubos, 1859. Prix : 2 fr.

CONCORDANCE DES CALENDRIERS GRÉGORIEN ET HÉGIRIEN pour le XIIIe siècle de l'hégire. Alger, Mme veuve Philippe, 1860. Prix : 1 fr. 50 c.

LES CORPORATIONS RELIGIEUSES D'ALGER. Alger, Bastide, 1861. Brochure in-8°. Prix : 0 fr. 50 c.

LES ARCHIVES DU CONSULAT DE FRANCE A ALGER. Alger, Bastide, 1865. Vol. in-8°. Prix : 3 fr. 50 c.

LE LIVRE DES SIGNAUX DE LA FLOTTE ALGÉRIENNE, traduction, avec pavillons coloriés, d'un document inédit et authentique, tirés à 100 exemplaires numérotés. Alger. 1867. Prix : 5 fr.

LA MARINE DE LA RÉGENCE D'ALGER. Alger, 1869, vol. in-8°. Prix : 1 fr.

LES ÉDIFICES RELIGIEUX DE L'ANCIEN ALGER. Alger, 1870. Vol. in-8°. Prix : 4 fr.

LE LIVRE D'OR DES ISRAÉLITES ALGÉRIENS, recueil de renseignements authentiques sur les principaux négociants juifs d'Alger, pendant la domination ottomane (par J. M. Haddey). Alger, 1872. Vol. in-16. Prix : 1 fr. 25 c.

LE REGISTRE DES PRISES MARITIMES, traduction d'un document authentique et inédit, concernant le partage des captures amenées par les corsaires algériens. Vol. in-8°, Alger, 1872.

2° OUVRAGES TERMINÉS

ALGER, étude archéologique et topographique sur cette ville aux époques romaine (Icosium), berbère (Djezaïr Beni-Mazr'anna) et turque (El-Djezaïr), accompagnée de cartes, plans, fac-simile d'inscriptions, vues et dessins ; ouvrage couronné au concours académique d'archéologie en 1870 (Algérie).

www.ingramcontent.com/pod-product-compliance
Ingram Content Group UK Ltd.
Pitfield, Milton Keynes, MK11 3LW, UK
UKHW020229220726
13923UKWH00002B/572

9 782019 707897